AF454014

MOTIFS

DES JUGES DU PARLEMENT

DE PROVENCE,

QUI ONT ÉTÉ D'AVIS DE CONDAMNER le P. JEAN-BAPTISTE GIRARD, envoyez à M. le Chancelier le 31. Décembre 1731.

ENSEMBLE

La Lettre de ce Magistrat à Mr. le Président de Maliverny ; la Réponse de ce Juge, & celle des autres Messieurs qui ont été de son opinion.

M. DCC. XXXIII.

LETTRE

De Monseigneur le Chancellier, à Monsieur le Président de Maliverny.

MONSIEUR,

LE Jugement du Procès du Pere Girard a fait & fait encore un si grand bruit, que je ne puis me dispenser pour l'honneur de la Justice, d'entrer dans l'éxamen des motifs, qui ont paru produire une si grande contrarieté d'opinions entre les Juges. Il est difficile de concevoir comment il est possible que de vingt-cinq Juges, il y en ait dix qui s'accordent à croire un Accusé non-seulement coupable, mais digne du feu, pendant que d'un autre côté il y en a quinze qui sont convaincus qu'il ne merite aucune peine publique : ensorte qu'il faut que le même Accusé ait parû évidemment coupable aux uns, & évidemment innocent aux autres, puisque aucun n'a été d'avis d'ordonner qu'il seroit plus amplement informé.

Ce qui a été decidé à l'égard de la Cadiere paroît encore plus incomprehensible : Si elle étoit innocente, pourquoi la condamner aux dépens ? Si elle étoit coupable, pourquoi ne la condamner qu'aux dépens ?

Comment d'ailleurs les quinze Juges qui ont cru devoir absoudre le Jesuite, ont-ils pû ne pas prononcer les peines les plus rigoureuses contre elle, qui dans leur maniere de penser ne devoit être regardée que comme une Calomniatrice, & dans une matiere où il s'agissoit de la vie.

Enfin comment ceux mêmes qui ont été d'avis de faire bruler le P. Girard ont-ils pû se dispenser de prononcer au moins des peines graves, si ce n'étoit pas celle de mort, contre la Cadiere ? Il s'agissoit de ce qu'on appelle un crime de deux : Il s'agissoit outre cela de la prophanation des choses les plus saintes, & c'étoit encore un crime commun aux deux Accusez. Il est vrai qu'en pareil cas le Confesseur doit être toûjours puni plus severement que la Penitente ; mais il est inoüi qu'en condamnant l'un, on prononce l'absolution entiere de l'autre.

C'est sur tout cela qu'il est de mon devoir de me faire donner les instructions & les éclaircissemens necessaires. J'écris à Monsieur Lebret dans cette vûë de m'envoyer les motifs de son opinion, & celle des Juges qui ont été de même avis que lui, & comme vous êtes le plus distingué des Juges qui ont embrassé l'opinion contraire, je m'adresse à vous, pour sçavoir aussi les motifs de cette opinion, que vous pouvez m'expliquer de concert avec ceux qui ont été du même avis. Je vous prie seulement de m'envoyer les motifs le plus promptement qu'il vous sera possible. Je suis,

MONSIEUR,

Paris le 14. Novembre 1732.

Votre très-humble & affectionné Serviteur, DAGUESSEAU.

RÉPONSE *de Monsieur le Président de Maliverny,*
à la Lettre de Monseigneur le Chancellier.

MONSEIGNEUR,

Au retour de ma Campagne, onziéme de ce mois, j'apris que Monsieur le Premier Président, avant que de partir pour Lambesc, lieu de l'Assemblée des Etats de cette Province, avoit fait part à la Grand Chambre d'une Lettre qu'il avoit reçûë de votre Grandeur, au sujet de votre surprise sur l'Arrêt rendu en l'affaire du P. Girard & de la Cadiere, & dit que vous en souhaitiez les motifs ; je m'informai de ceux des Messieurs qui avoient pensé comme moi, si M. le Premier Président leur avoit communiqué votre Lettre ; & comme ils m'assurerent qu'ils n'en avoient aucune connoissance ; nous crûmes que M. le Premier Président étoit chargé du tout, & nous étions tranquiles, instruits depuis long-temps de sa droiture & de son exactitude. Lorsque je reçûs la Lettre que vous m'avez fait l'honneur de m'écrire, du 14. de ce mois, j'assemblai aussi-tôt ceux des Messieurs qui se trouvoient ici, & je leur fis part de vos ordres, & tous ensemble nous avons fait sçavoir vos intentions à ceux qui se trouvent dans leur Terre, comme M. le Président de Regusse, Messieurs de Montvert, de Trimond, & de Blanc, pour qu'ils eussent à se rendre ici incessamment afin de satisfaire à vos desirs, & travailler conjointement à vous envoyer nos motifs. Vous verrez alors combien on vous en a imposé, & sur le nombre des Opinans, & sur les opinions. J'ai l'honneur d'être avec un très-profond respect,

MONSEIGNEUR,

Aix ce 23. Novembre 1732.

Votre très-humble & très-obéissant Serviteur, MALIVERNY.

SECONDE RÉPONSE *à la même Lettre de Mgr. le Chancellier*
de la part de Messieurs les Juges qui ont condamné le P. Girard.

MONSEIGNEUR,

Vous vous êtes sans doute apperçû dans la Réponse que Monsieur le Président de Maliverny a faite à la Lettre du 14. du mois dernier, dont vous l'avez honoré, qu'a mesure qu'elle ne faisoit que vous en annoncer la reception, il nous restoit l'obligation d'y répondre en commun, & que cette obligation étoit dûë aux articles qu'elle renferme. C'est donc aujourd'hui, MONSEIGNEUR, que nous nous acquitons de ce devoir : heureux que vous nous ayez fait la grace de nous expliquer vos doutes, plus heureux encore de trouver dans notre conduite des moyens faciles pour les dissiper.

Vous êtes surpris, MONSEIGNEUR, & vous avez raison de l'être, du bruit qu'a fait & fait encore le Jugement qui vient d'être rendu du P. Girard & de la Cadiere, tout y porte à l'étonnement ; l'Arrêt dans ses dispositions ; les qualitez même qu'y prend M. le Procureur Général.

Il s'y dit, *querelant respectivement* ; nulle plainte cependant respective de la part du P. Girard contre son Accusatrice ; nulle même de la part du vengeur public,

Ils y dit encore, (*quèrelant en calomnie,*) action anticipée, puisqu'elle ne peut naître que de l'absolution de l'Accusé : Voilà, Monseigneur, ce qui se présente à la tête de ce Jugement, mais passons aux Juges.

Il est, dites vous, très difficile de concevoir comment de *vingt-cinq Juges* il s'en soit trouvé dix diametralement opposez aux quinze autres, qui declarent le Pere Girard innocent, sans que du nombre des vingt-cinq en tout, aucun ait été d'avis d'ordonner qu'il seroit plus amplement informé ; c'est le premier doute de votre Lettre.

Pour le resoudre, Monseigneur, nous commencerons par vous assurer qu'on vous a fait un recit peu fidele du nombre, & de la teneur des opinions.

M. l'Abbé Charleval étant sorti de la Grand Chambre à la premiere opinion à la mort, le nombre de *vingt-cinq Juges* y subsista encore ; mais ces *vingt-cinq Juges* cependant ne formerent qu. 24. opinions, au moyen de la reduction de M. de Faucon, avec M. le Doyen son oncle, en sorte qu'il ne faut plus compter que sur vingt-quatre Juges.

De ces 24. Juges il y en a eû douze à absoudre le P. Girard des crimes à lui imputez, si l'on y comprend M. le Doyen de Suffren, qui fut d'abord à le bannir pour dix ans de la Province, & qui ne revint à l'absoudre que lorsque les Juges favorables à l'Accusé, y ajoûtoient qu'il falloit néanmoins le renvoyer au Juge Ecclesiastique pour le delit commun.

Des douze autres Juges il y en a eu dix qui opinerent à la mort contre l'Accusé, le onziéme, qui est M. de Gallice, à l'enfermer pour le reste de ses jours, & le douziéme, (M. le Président de Grimaldy de Regusse,) fut à un plus amplement informé, avec le secoûrs du Monitoire, à ordonner que les témoins qu'on n'avoit pas confronté le fussent, & à decreter cependant de prise de corps les cinq ou six stigmatisées, que la Cadiere avoit declaré dans ses expositions, comme compagnes des mêmes desordres dans lesquels le P. Girard l'avoit jettée. Nous ne devons pas néanmoins vous laisser ignorer qu'avant d'en venir au plus amplement informé, M. le Président de Grimaldy de Regusse avoit annoncé en opinant qu'il étoit persuadé, *que le P. Girard étoit coupable de tous les crimes dont il se trouvoit accusé, mais que pour la réünion des voix il croyoit cet avant - dire necessaire.* Delà vient qu'ayant été proposé à M. le Président de Grimaldy de se ranger, de même qu'à M. de Gallice, puisqu'ils étoient seuls de leur opinion, ils répondirent l'un & l'autre de ne pas l'éxiger, *parce que la chose ne feroit selon eux aucun changement à l'Arrêt.*

Vous voyez donc, Monseigneur, par ce recit fidele que le partage des opinions a fait seul l'absolution du P. Girard, & que si d'une part on vous a mandé que cet Accusé avoit eû quinze voix pour lui des vingt-cinq, & qu'aucun des Juges n'avoit été à une plus ample information, on nous a du moins laissé de l'autre tout l'avantage de la verité.

Tout le reste de votre Lettre, Monseigneur, porte sur la Cadiere.

Pourquoi la condamner aux dépens, si elle est innocente ; & si elle est coupable, pourquoi ne la condamner qu'aux dépens ? Ce sont là les termes respectables.

Les douze Juges qui avoient opiné contre le P. Girard ne penserent jamais condamner la Cadiere aux dépens. La conviction des crimes de cet Accusé affranchissoit leur esprit de toute sorte d'idée, de calomnie, & de complot de la part de cette Accusatrice, & les Juges qui étoient d'avis de mettre le P. Girard hors de Cour & de Procès, sentoient parfaitement que s'ils ne trouvoient pas des preuves suffisantes pour condamner le Jesuite au dernier supplice, ils en avoient

(4)

du moins aſſez pour ne pas regarder la Cadiere comme Calomniatrice.

Vous avez au ſurplus raiſon, MONSEIGNEUR, de douter que ſi nous avions crû la Cadiere coupable de calomnie, nous l'en euſſions tenuë quitte pour les dépens ; mais comme nous ne pouvions pas regarder le P. Girard du même œil que les douze autres Juges, les charges de la Procedure, les réponſes de l'Accuſé, & ſes aveux, ne nous ont pas permis de le faire. Nous devons même avoir l'honneur de vous dire, & c'eſt ici le lieu de le faire, que des douze Juges qui declarerent le P. Girard innocent des crimes qu'on lui imputoit, il y en eût un, (M. le Doyen de Suffren,) qui fut d'avis de mettre la Cadiere hors de Cour & de Procès. Avis qui étoit déja celui de M. le Preſident de Grimaldy : enforte que vous voyez, MONSEIGNEUR, que cette Accuſatrice a encore eû pour elle le plus grand nombre des Juges.

Il ne nous reſte plus, MONSEIGNEUR, qu'à répondre à la maxime ſi connuë, que s'agiſſant ici d'un crime de deux, il ne falloit pas moins condamner la Pénitente à des peines rigoureuſes, mais cependant toûjours au-deſſous de celles du Confeſſeur.

Cette maxime non plus que l'eſprit de la Loi ne nous euſſent pas échapez, ſi nous avions été à portée de les mettre en œuvre ; mais il nous paroiſſoit qu'il falloit pour cela que le P. Girard eût été condamné à quelques peines ; mais dès lors que le P. Girard ſe trouve abſous, & que ce n'étoit même que par le partage des voix, pouvions nous jamais, nous qui le jugions digne du dernier ſupplice, infliger la moindre peine à la Cadiere ? leur ſort ne devoit-il pas être égal ?

Il vous plaira encore d'obſerver, MONSEIGNEUR, ſur l'article de votre Lettre, qui parle de la prophanation des choſes ſaintes, que le crime étant un crime de deux, ainſi que vous le penſez, le Jeſuite étant mis ſur ce fait hors de Cour & de Procès, la Cadiere devoit l'être néceſſairement auſſi, puiſque le renvoi que l'on a fait du Jeſuite à ſes Superieurs Eccléſiaſtiques, ne peut pas embraſſer le cas privilegié.

Il nous ſemble, MONSEIGNEUR, que nous ne pouvions rien employer de plus aux éclairciſſemens que vous avez deſiré de nous par votre Lettre ; mais cependant nous nous flatons de tirer de bien plus grands avantages des motifs particuliers que nous aurons l'honneur de vous envoyer, pour juſtifier notre opinion, & nous oſons eſperer que vous ne les aurez pas plûtôt comparez avec la Procedure, que vous les trouverez fondez ſur les charges, ſur les réponſes, & les aveux de l'Accuſé, & ſur ce qui ſe preſente de plus déciſif dans le cours de l'inſtruction de cette grande affaire.

Cependant nous ne pouvons nous diſpenſer de vous dire, que nous ſommes encore à attendre que le Greffier de la Cour nous remette ſans déplacer la Procedure, que nous avons demandée pour fonder nos motifs avec exactitude, & vous donner des éclairciſſemens juſtes & précis de nos opinions ; Du moment que nous l'aurons, nous obéirons à vos ordres. Nous avons l'honneur d'être, avec un reſpect infini,

MONSEIGNEUR,

Vos très-humbles & très-obéiſſants Serviteurs
MALIVERNY, PEIROLLES, MONTVERT,
RICARD, SAINT-JEAN, NIBLET, GALLICE ;
MOISSAC, LA BOULIE,
Monſieur le Preſident DE REGUSSE, Meſſieurs
DE TRIMOND, & DE BLANC, abſens.

Aix le 11. Octobre 1732.

MOTIFS

DES JUGES DU PARLEMENT de Provence, qui ont été d'avis de condamner le Pere JEAN-BAPTISTE GIRARD, Jesuite, envoyez à M. le Chancelier le 31. Decembre. 1731.

LE premier crime, & la source de tous ceux que la Justice devoit poursuivre dans ce grand Procès, est un sacrilege, abus de ce qu'il y a de plus saint dans la Religion, à la faveur d'une fourberie qu'on ne pouvoit trop punir. De l'aveu des deux principales Parties; l'une d'elles étoit dans la bonne foy. Est-ce donc le Directeur qui a seduit la Penitente, comme elle a osé s'en plaindre ? Seroit-ce la Penitente qui auroit trompé le Directeur, comme il l'a dit dans tout le cours de ses défenses ?

Dans cette étonnante alternative nous avions à nous défendre nous-mêmes de l'artifice ; & nôtre unique attention étoit de démêler la verité & l'innocence à travers tous les déguisemens qui pouvoient les obscurcir ou les faire méconnoître.

S'il falloit juger la Question par les Maximes générales, par les présomptions de droit, la disposition des Ordonnances, & la Jurisprudence des Arrêts : Que de raisons contre l'Accusé ! Le Sçavoir, le Caractere, la difference d'âge, & même de sexe, tout parle contre lui. En regardant cette affaire comme une simple querele en rapt, elle est toute decidée en faveur de l'Accusatrice ? On voit ici d'un côté les dehors & la conduite d'un Ravisseur qui prend toutes les voyes de persuasion pour parvenir à ses fins ; & de l'autre une jeune personne susceptible d'impressions dangereuses, forcée de publier son infamie, & dont les soins respectent le témoignage. (*a*)

Mais nous nous sommes d'abord défiez de la généralité des regles, sans pourtant nous en départir, nous avons pensé que la qualité des personnes devoit en faire suspendre l'application, que le motif & l'intention pourroient sauver l'imprudence de la conduite, & que s'il falloit donner

______

(*a*) L'Official accompagné de deux Commissaires, du Promoteur & du Greffier Episcopal, acceda dans sa Maison le 18. Novembre 1730. & après lui avoir fait prêter le serment, lui fit subir un interrogatoire, ce qui donna lieu à l'exposition qu'elle fit le même jour au Lieutenant Criminel.

quelque chofe aux apparences, elles doivent être en faveur du Directeur.

Nous avons encore, en jugeant définitivement, comme perdu de vûë tant d'irregularitez qui environnent, ou qui infectent la procedure ; La démarche inoüie d'un Juge d'Eglife qui accede chez un Laïque pour lui faire fubir un interrogatoire, l'emprifonnement (*a*) de l'Accufatrice, & de deux principaux témoins dès le commencement de l'information ; éclat fi propre a jetter la terreur dans les efprits, à priver l'innocence de tout fecours, & à écarter les preuves du crime : l'élargiffement de l'un d'eux, peu de tems après avoir été arrêté, & de l'autre, après l'avoir merité par fon recollement & fa confrontation : un fimple Decret d'affigné conrre l'Accufé, des Decrets d'ajournement contre l'Accufatrice ; fes Freres, & fon dernier Confeffeur fans plainte juridique, fans Accufateur, fans Partie, lors même qu'il n'y en pouvoit point avoir : La maniere dont elle a été traitée dans les lieux où l'on l'a détenuë ; L'affectation du Promoteur, de ne faire entendre des Témoins qu'à la décharge de l'Accufé, & à la charge de la Querelante ; Le fcandaleux arrangement de ces mêmes Témoins, toûjours placez à la queüe de ceux de l'Accufatrice, pour en détruire les dépofitions, & preparer à l'Accufé des faits juftificatifs, qui ne pouvoient être propofez, fuivant les regles, que fur le coup du Jugement, & après la vifite du Procès ; L'omiffion des Cenfures Ecclefiaftiques déja ordonnées par l'Official, & fi neceffaire dans la nature de cette caufe: Le (*b.*) refus de confronter tant de Témoins, qui faifoient charge contre l'Accufé, & de decreter fuivant la requifition des Gens du Roy, & nos defirs perpetuels, certaines Penitentes de ce Jefuite, qu'on difoit avoir une malheureufe conformité avec celle qui étoit déja fous la main de la Juftice: Les pouvoirs indéfinis qui ont été laiffez à un Confeffeur accufé de crimes fi énormes, & dont il s'eft fervi pour continuer fa direction à l'égard de plufieurs Penitentes qu'il faifoit produire en Témoins par le Promoteur : Enfin, ces déboutemens coup fur coup contre la feule Accufatrice & fes adherans, de prefque toutes les Requêtes, & de divers incidens qui fe font jugez dans le cours de ce Procès.

Malgré tant de confiderations qui ne préviennent pas en faveur de l'Accufé, nous nous fommes néanmoins reduits à puifer dans le fond même de la Procedure, & les piéces qui y font jointes, dans les dépofitions des Témoins, & les aveus des débats, les raifons de détermination, comme les plus capables de produire un Jugement tel que l'éxigeoient de nous la Religion, l'ordre public, l'interêt de la verité & de la Juftice.

Le Pere Girard a été jugé le premier, & c'étoit le feul qui fût Querelé juridiquement. Nous l'avons envifagé fous deux rapports differens ; comme Confeffeur & Directeur tout enfemble, & comme Accufé. Nous avons

---

(*a*) De la Cadiere aux Urfulines, dirigées par les Jefuites de l'Allemanda, au Bon Pafteur de la Battavé, au Refuge.
(*b*) Requête du 13. Août 1731. rejettée.

examiné sous le premier point de vûe le merite de l'accusation formée contre lui, & sous le second, la maniere de se défendre, & les Moyens qu'il a employés à cet effet.

PREMIERE PARTIE.

Le Pere Girard Confesseur & Directeur.

SORTILEGE.

On nous a d'abord présenté ce Jesuite comme coupable d'avoir usé d'enchantement magique La singularité de l'accusation la rendoit incroyable ; les faits cependant meritoient nôtre attention ; les deux extremitez étoient vicieuses, & il y avoit également du danger entre tout croire, & ne croire rien. Dans une espece d'équilibre & un raisonnable temperement, nous avons approfondi le merveilleux de cette cause avec d'autant plus de soin qu'il nous sembloit couvrir plus d'infamies.

Les prodiges sont de deux especes, mais tous attribuez à des ames extraordinaires & privilegiées. Les uns paroissent des faveurs du Ciel, & les autres des operations du Demon. On a dit de la Cadiere, *que Jesus-Christ avoit retracé sur sa personne tout le Mystere de ses Douleurs, qu'il lui avoit donné un morceau de sa Croix ; qu'elle communioit miraculeusement ; que dans son lit elle suivoit exactement le Prêtre qui disoit la Messe ; qu'elle connoissoit le secret des consciences. (a.)*

Elle de son côté a raconté des visions, d'abord impures & horribles, ensuite douces & agréables ; l'on a ajoûté le recit d'un grand nombre d'accidens convulsifs & singuliers, que l'on imputoit à Satan, parce qu'il n'est pas ordinaire que le Seigneur afflige ainsi ses Créatures ; & l'on remarque à cet égard un mêlange d'operations divines dans un tems, diaboliques dans d'autres.

Si tout ce merveilleux ne consistoit que dans ce que la Cadiere nous apprend d'elle-même, on auroit lieu de s'en méfier comme d'un artifice ou d'un trait d'imagination ; mais ce sont ici des faits réels, qui pour être nouveaux ne doivent pourtant pas être rejettez, parce qu'ils sont attestez par des personnes dignes de foi. (b.)

Ils ne nous ont pas parû d'ailleurs d'une nature à pouvoir être imitez & propres à suspecter l'Accusatrice. La malice humaine ne pouvant pro-

---

(a.) Messire Giraud 2. Témoin. Claire Berarde 11. Sœur Marie de l'Escot, 10. dans son recollement. Sœur Catherine Raimbaud, 22. Sœur Marie Guerin 26. Sœur Aubert, Abesse de Sainte Claire d'Ollioules, 19. Sœur Claire Guerin, 17. Marion Hermitte, 94. Aveu du Pere Girard au 16. Interrogatoire. Lettre de la Cadiere du 21. & 22. Juillet, Lettre du P. Girard du 22. Août 1730.

(b.) La Sœur de l'Escot 10. Sœur Catherine Raimbaud 22. Sœur Marie Guerin 26. Claire Artiques 36. Messire Camerlet 47. Marguerite Ricaude 55. Marion Hermite 94. Et les Témoins ci-dessus.

duire ce roidissement des membres. *(a) Cette tension de la peau comme si c'étoit celle d'un tambour ; ce gonflement du col au niveau du menton, ces convulsions si effrayantes,* même aux personnes de l'art, *(b)* & des Curez ; ensorte que *trois hommes avoient beaucoup de peine à contenir (c.) celle qui en étoit agitée,* & autres simptomes semblables & surprenans arrivez également à d'autres Penitentes *(d.)* du Pere Girard ; pourroit-on soupçonner la Cadiere de les avoir dressés pour joüer une si étrange comedie, dans un tems où les unes & les autres de ces Filles ou Femmes étoient dévoüées sans réserve à leur Directeur, & avoient une obéïssance aveugle à ses ordres & à sa volonté ?

Le point du Procès étoit donc bien interessant & bien decisif, & tout nous obligeoit à chercher la veritable cause de ses prodiges ; peut-être qu'on l'auroit trouvée, si l'on avoit eû soin de decreter dès le commencement les principales Penitentes du P. Girard ; mais elle doit passer pour inconnuë faute de l'avoir approfondie, ou faute de la pouvoir fixer.

Mais qu'avons nous dû penser lorsqu'à la derniere confrontation mutuelle, la Cadiere a soûtenu à son ancien Directeur, que l'ayant consulté au sujet de la vision dans laquelle il lui fut inspiré *d'accepter une obsession pour delivrer une ame du peché mortel,* il l'obligea à s'y soumettre malgré la répugnance qu'elle y avoit, & qu'il la reduisit à prononcer ce pacte ; *Qu'elle se livroit, (e.) & s'abandonnoit à tout ce qu'il exigeroit, pour faire, pour dire, pour agir, & pour souffrir, & que dès lors elle éprouva en elle des operations extraordinaires, accidens convulsifs, visions obscenes, dont elle se plaignoit à lui.* A ces mots l'Accusé l'interrompit, en disant, qu'il n'avoit jamais crû qu'elle fût obsedée, & qu'il avoit suspendu son jugement. La Querelante persista, & ajoûta, *Que non-seulement il l'avoit livrée à cet état, mais qu'il y avoit aussi plongé plusieurs de ses Penitentes, telles que sont* la Guiol, la Reboul, la Gravier, la Langier, la Veuve Allemand, & la Battarel, *& que s'il avoit porté les quatre premieres à commettre un parjure, il sçavoit que les deux dernieres le lui avoient soûtenu en face ; (f.)* sur quoi le P. Girard ayant dit que les accidens de la Langier étoient des vapeurs, & que la Battarel étoit un esprit foible. *Pourquoi-donc,* repliqua la Cadiere, *n'avez-vous traité ces*

accidens.

(a.) Messire Guandalbert 1. Messire Giraud 2. Loüis Remouil 5. Clement Garnier 7. Claire Estienne 10. Claire Berarde 11. Loüis Remouil fils 14. François Garnier 15. François Calas 17. Claire Artigues 36. Claire Beringuier 57. Marion Hermite 94.

(b.) François Candeiron 48.

(c.) Témoins 14. 15. 16. 17.

(d.) Anne Bellone 46. Margueritte la Pose 52. Marie Langier 53. Elizabeth Guvite 96. Therese Villeneuve 99. Catherine Joinville 100. Catherine Ferrand 108. parlent des accidens de Marie-Anne Langier, & de ses stigmates, & la Cadiere confrontée avec elle lui soutint les avoir visitez par ordre du P. Girard.

La Guiol, la Reboul, autres Penitentes du P. Girard, ont été vûës en extase par les Sœurs Aubert, de l'Escot, & Guerin, 19. 20. & 26. Témoins, dans leur confrontation avec la Cadiere.

(e.) Confrontation pardevant la Cour.

(f.) Dépositions de Therese Lionne, dite la Veuve Allemand, & de la Battarel, 39. & 38. Témoins, & leur confrontation avec le P. Girard.

accidens de vapeurs que depuis que la Justice a connu de cette affaire ? Enfin la Veuve Allemand se recrie, en lui adressant la parole : (*a*) *On diroit que les dons du Ciel sont chez vous aux encheres, en les voyans si communs à vos Penitentes.*

Quoiqu'on pense de tels évenemens, tous ces faits extraordinaires ne sont pas inutiles & indifferens, & l'air dont le P. Girard les a traitez, forme contre lui une preuve principale de séduction.

La Penitente fait part au Directeur de la premiere vision (*b*) qu'elle a après les 14. premiers mois de Direction, & successivement de ses extases & de ses tourmens, de ses peines interieures : Voici la Réponse qu'elle en reçoit. *Vous souffrez* (*c*) *ma pauvre enfant, & vous joüissez, c'est-là avoir un avantage au-dessus des Bien-heureux.* Ailleurs, il l'exhorte *à se livrer,* (*d*) *à s'abandonner aux extases, & à ne pas forcer violemment l'esprit interieur.* S'il s'agit seulement d'un jour auquel il doit la visiter, il faut qu'une revelation en decide *Le bon Maître* (*e*) *que nous servons nous dira celui de ces deux jours qui conviendra le mieux, & ses vûës sur nous deux.*

C'est ainsi que ce Directeur nourrit sa Penitente dans ses visions & ses folies, loin de les combattre ; C'est par l'exemple des Saints qu'il l'encourage (*f*) à accepter l'obsession qu'elle dit lui avoir été proposée par revelation. L'exemple étoit sans doute nouveau, & nous n'avons jamais vû dans les Annales de l'Eglise aucun de ses enfans se livrer au malin esprit par religion, & sous l'esperance de quelque bien que ce soit.

Il n'a pas désavoüé qu'elle lui ait communiqué en son tems toutes les visions folles & impies (*g*) contenuës dans le Mémoire du Carême. Tantôt *Dieu la choisie pour être la victime & la propitiation* d'un certain nombre d'ames. Tantôt elle apperçoit Saint Jean l'Evangeliste tenant le Livre des sept Sceaux, où les noms *de Marie-Catherine, & de Jean-Baptiste sont écrits.* (*h*). Ces marques non équivoques d'un esprit tout au moins foible & égaré, n'étoient-elles pas capables de faire ouvrir les yeux à cet éclairé Directeur ; s'il eût été de bonne foy ? Il la presse au contraire , la sollicite, (*i*) & la menace, jusqu'à ce qu'elle lui ait donné par écrit le recit de tant d'impertinences ; moyen si propre pour l'entretenir dans ses illusions.

On ne voit nulle précaution de la part du Directeur, il n'apporte aucun remede au mal, ni dans son principe, ni dans ses (*k*) suites. La Cadiere & sa famille le consultent sur toutes choses, comme l'homme de Dieu. Il est

(*a*) Confrontation de Messire Guandalbert , avec l'Abbé Cadiere.
(*b*) Réponse du P. Girard au 13. Interrogatoire des Commissaires.
(*c*) Lettre du P. Girard du 29. Juin 1730.
(*d*) Lettre du même du 15. Juin 1730.
(*e*) Lettres du même des 16. & 19. Juillet, & 4. Août 1730.
(*f*) Réponse du P. Girard à l'Interrogatoire 41. des Commissaires.
(*g*) Aveu du P. Girard à l'Interrogatoire 24. & 26. des Commissaires, & sur le 27. 28. 47 61. 67. 68. 109. il avoüe qu'elle lui racontoit en détail toutes les visions, ce qui comprend celles qui sont contenuës dans le Journal du Carême.
(*h*) Dans le Journal du Carême.
(*i*) Lettres du P. Girard du 15. Juin, 4. & 15. Août 1730.
(*k*) Claire Berarde 11. Témoin.

témoin de tout, & le plus souvent le seul témoin, ne jugeant nul autre digne d'assister avec lui à la plûpart des accidens de sa Pénitente. Son Frere le Jacobin n'a pas la discretion de se retirer quand le Pere Confesseur souhaite d'être seul avec elle, d'un air d'autorité, *il le prend par la main,* (*a*) *le met dehors de la Chambre, & ferme la porte à clef.* C'est le seul enfin que la cause de tant d'effets surprenans n'embarasse jamais, il les rapporte à l'Auteur de tous les dons, qui se plaît à signaler sa bonté envers sa Créature. Dans une transfiguration de sa Pénitente il arrive tout à coup de Toulon au Monastere des Clairistes d'Olioules, *instruit*, dit-il, *par son bon Ange.*

(*b*) Les Religieuses s'empressent de lui annoncer qu'elle a communié d'une main invisible; *il le sçait déja,* prétendant *lui avoir donné lui-même la moitié de l'Hostie qu'il avoit consacrée;* & l'abordant, il lui réproche, en presence de plusieurs Religieuses, *d'être une petite gourmande: Enleverez-vous toûjours*, lui dit-il, *la moitié de la portion de votre Pere ?* Confronté sur ces faits il en avoüe une partie, (*c*) & il dit, *que c'étoit par plaisanterie qu'il avoit parlé de même*, tandis que les Spectateurs sont saisis d'éffroi, & qu'une Religieuse frapée de ce ton de Prophete avec lequel ce Pere parle, en est deux jours malade. (*d*) Il fait laver le visage de la Cadiere couvert de sang, & recommande *de garder soigneusement l'eau* (*e*) *qui a servi à cet usage*, comme ayant reçû une vertu miraculeuse, dont il assure, *qu'on a déja ressenti les effets à Toulon.* Il prie une Religieuse, (*f*) de dresser un Journal de toutes les merveilles dont Dieu favorise leur Monastere, où il l'avoit déja annoncée pour une ame peu commune. (*g*)

On parle d'un morceau de la vraye Croix descenduë du Ciel, le P. Girard reclame ce Trésor, (*h*) comme devant en être le dépositaire.

La Mere Cadiere voit avec peine sa fille affligée de tant de maux, elle veut appeller les Medecins ; (*i*) le Directeur lui reproche des sentimens trop naturels, & la console en lui disant, *que ce sont des maux divins.* (*k*)

Cette fille applique ou fait appliquer des emplâtres à certaines playes de son corps, elle en est severement reprise par son Directeur, (*l*) qui les lui fait regarder comme sacrées. L'une paroît n'agir que par des voyes simples & naturelles, l'autre n'annonce partout que le merveilleux. La Péni-

(*a*) Claire Berarde, 11. Témoin. Confrontation du Pere Cadiere au P. Girard.

(*b*) La Sœur de l'Escot, maîtresse des Novices, 20. Témoin, dans sa confrontation avec la Cadiere. La Sœur Guerin 26. Témoin.

(*c*) Confrontation du Pere Girard avec le 20. Témoin.

(*d*) Confrontation de la 20. Témoin avec la Cadiere.

(*e*) 20. & 22. Témoins.

(*f*) La Sœur de l'Escot 20. Témoin.

(*g*) Lettre du Pere Girard à l'Abbesse d'Olioules, du 22. May 1730.

(*h*) Réponse du Pere Girard au 39. Interrogatoire des Commissaires.

(*i*) Aveu de l'Accusé dans sa confrontation avec l'Abbé Cadiere. Déposition de Claire Berarde. 11. Témoin.

(*k*) Recolement de la Sœur de l'Escot 20. Témoin.

(*l*) Aveu de l'Accusé au 57. Interrogatoire des Commissaires. Confront. de la Cadiere avec Margueritte Truc 44. Témoin.

tente se défie de son état ; le Directeur la rassure. Nous ne trouvons pas dans la Procedure qu'il ait jamais pris aucun soin, comme il l'a dit dans la suite, de rendre secrets ces prétendus prodiges ; nous voyons au contraire, (*a*) qu'il les produisoit, que bien des personnes en avoient été les témoins & les admirateurs. Un des Curez vient dans la Maison des Cadieres, invité de voir la sainte en extase, il trouve à genoux au pied du lit la Reboul, la Battarel, & la Guiol ; cette derniere confidente du P. Girard s'écriant, (*b*) *Qui ne se convertiroit à la vûë d'un tel spectacle ?* Le Pere Confesseur arrive, on fait retirer le Curé. Le P. Girard n'a garde de desabuser les assistans, ou de leur inspirer au moins de suspendre leur jugement.

Il parloit de sa Pénitente au Monastere des Clairistes d'O'ioules, dans la Maison de sa Mere, & dans la Ville de Toulon, comme d'un chef-d'œuvre (*c*) de la grace. Les Jesuites tenoient partout le même langage ; par tout ils la donnoient pour sainte, non à faire, mais toute faite, & sainte à miracles. Le Pere Grignet, un de leurs Confreres, & Théologien du Seminaire de Toulon, lui rend une espece de culte ; il disoit lui être redevable de son affermissement dans le bien, & avoir appris de cette fille *mieux que dans les Livres, les plus sublimes Mysteres.* (*d*)

Si dans ces circonstances la mort l'eût enlevée, il est hors de doute que quoiqu'au fonds un vase d'ignominie, elle trouvoit aussi-tôt sa place dans le Calendrier, à la suite de la Sœur Marie Alacoque, & de la Sœur de Remusad ; (*e*) & les Pieces qu'on produit aujourd'hui contre elle, auroient servi alors à la rendre l'objet de la veneration publique.

Enfin, sans l'exposition de la Cadiere, le merveilleux de ce Procès passeroit encore pour une preuve de la sainteté de la Pénitente ; le Directeur feroit encore un crime à ses Dévotes, & leur refuseroit (*f*) *l'absolution*, si elles en avoient une idée differente, & la premiere seroit encore admise chaque jour à la participation de nos redoutables Mysteres. Comment aurions nous pû concilier une telle conduite, avec les doutes dont l'Accusé a voulu se faire honneur pendant le Procès ?

Ainsi ce n'est que l'évenement qui a changé les idées du Public, & le langage du Directeur ; & les faits étant indubitables & hors de l'ordre commun des choses, on a toûjours eû recours à un principe extraordinaire, mais contraire aux premieres impressions.

(*a*) Aveu de l'Accusé dans sa confrontation avec le Pere Cadiere Jacobin.

(*b*) Messire Giraud 2. Témoin. La Sœur Boyer 97. Tém. La Guiol 3. Tém. La Reboul. 6.

(*c*) Lettre de l'Accusé à l'Abbesse d'Olioules du 22. May, & 5. Juin 1730. Confront. de la Guiol avec le P. Cadiere. Sœur Aubani 23. Témoin.

(*d*) Lettre du P. Grignet à la Cadiere, jointe à la Procedure.

(*e*) Pénitente de l'Accusé, fille illuminée & à vision, morte à Marseille en 1730. c'étoit avec la Sœur Marie Alacoque le modele qu'il proposoit à la Cadiere, comme on le voit à la page 49. de la seconde Partie de son premier Factum, où se trouve le memoire des visions de la Sœur de Remusad. Il y est dit, *que la Cadiere l'avoit apperçuë possedant le même degré de gloire que la Sœur Marie Alacoque.* L'Accusé a fait joindre ce memoire à la Procedure, & l'a ensuite fait imprimer.

(*f*) Marie-Anne Calas 98. Témoin.

Delà nous avons lieu de conclure contre le P. Girard, que s'il est accusé de fortilege, il s'est attiré cette accusation par sa conduite & par l'uniformité des accidens (*a*) qui suivoient sa direction, & que d'accord avec lui sur la qualité des effets qu'il a perpetuellement reconnus, on attribuë aujourd'hui à l'esprit de mensonge ce qu'il attribuoit autrefois (*b*) à l'Esprit de Dieu, & qui cependant ne pouvoit pas venir de lui, comme la suite ne l'a que trop justifié.

Le Pere Girard s'est rétranché à dire, que sa Pénitente l'avoit trompé ; mais pourquoi cette excuse ne vient-elle qu'au moment qu'il est accusé ? Pourquoi reprend-t-il ses premiers sentimens pour elle, & cesse de la regarder comme une fourbe, dès qu'il croit qu'elle s'est départie de son accusation ; en sorte qu'à leur premiere entrevuë, & lors de leur premiere confrontation, il ne propose pas le moindre reproche contre elle ?

Mais quoiqu'il s'avouë trompé, ce n'est pas pour tout ; car comme on l'a déja observé, il convient de la plûpart des faits extraordinaires dont il ne peut plus donner la même cause, & nous a laissez incertains sur ce que nous devions penser des prodiges attachez à sa Direction. Peut-il être reçû présentement à repandre des soupçons sur les actions de sa Pénitente, lui qui l'a rassurée sur ses justes scrupules ? lui qui feignant de consentir qu'elle consulte d'autres Confesseurs, l'en détourne en effet ? Il déclare veritablement *qu'il ne lui appartient pas de dire comme S. Paul, qu'il a l'Esprit de Dieu comme un autre ;* mais il ne lui permet de s'adresser *qu'à des hommes de Dieu,* (*c*) *& qui connoissent les desseins de Dieu sur elle,* ce qui le rendoit maître du choix. *Qu'elle ne leur parlera que jusqu'à un certain point,* (*d*) *de peur qu'on ne la livre à de plus grandes peines.*

Que ces expressions portent loin, maintenant que le rideau est tiré ! Peut-on méconnoître ici le criminel en la personne du Pere Girard, quand obligé de dire qu'il doutoit de l'état de sa Pénitente, il n'a pourtant sçû que répondre lorsqu'on l'a pressé d'accorder ses doutes avec cet air de conviction qui a duré autant que sa Direction. Il doutoit de l'état de sa Pénitente, & cependant il la faisoit Communier tous les jours : Quel étrange paradoxe, & quelle prophanation en même tems ! Croirons-nous enfin qu'il doutoit, lui qui a combattu tous les doutes & tous les soupçons, ou plûtôt qui les a si fort apprehendez,

hendez,

(*a*) Il conste par la Procedure que la nommée Laugiere avoit des accidens jusqu'au point de fureur de cracher sur le Crucifix, & de le mordre, avec les mêmes convulsions & gonflement au col que la Cadiere.   La Veuve Allemand 39. Témoin, dépose avoir eû les mêmes accidens d'obsession. La Battarel 38. Tém. fait le même aveu. Dépositions des 11. 12. & 14. Témoins. Confront. des 42. 43. 46. 53. 109. 110. & le 102. dans son recolement.

(*b*) Lettre du P. Girard du 22. Juillet, qui est la réponse à une de la Cadiere du même jour, où elle lui marquoit, *d'avoir été associée à la rédemption du genre humain.* Ce Directeur au lieu de la défabuser, & de se soulever contre une impieté de cette espece, *rend grace à Notre Seigneur de la continuation de ses misericordes.* De quel côté étoit donc la fourberie ?

(*c*) Lettre de l'Accusé du 15. Août 1730.

(*d*) Lettre de la Cadiere du 19. May 1730. où elle dit ; *Pour ce qui est du Pere Boüier, je me trouve disposée de lui parler jusqu'à un certain point, de peur de me livrer à de plus grandes peines.*

hendez, & qui parlant avec certitude de la haute perfection de sa Pénitente, a toûjours pris tant de soin d'écarter les éclaircissemens qui pouvoient
détruire cette idée.

On comprend sans peine comment la séduction a dû s'accomplir. Le P. Girard
avoit une autorité bien naturele sur les esprits ; son âge, son caractere, ses
talens, sur tout pour la chaire, ses divers emplois, son exterieur même, lui
avoient acquis une reputation qui le preceda à Toulon.

Il n'est pas surprenant que la Cadiere en eût été attirée, elle n'avoit pour
lors (*a*) que dix-huit ans, née de parens de médiocre condition, sans autre éducation que celle que pouvoit lui donner une Mere simple & pieuse,
ne connoissant ni le monde ni ses perils, ne sortant de sa Maison que pour
aller à l'Eglise ou aux Hôpitaux ; toutes les Personnes qui l'avoient vû ou
de loin ou de près, la donnent pour une fille sans vices, (*b*) & fort ver-
tueuse. Ceux qui auroient plus d'interêt à contredire cette premiere reputation, tels que l'Accusé & ses Protecteurs, ne lui reprochent que la fureur
d'avoir voulu passer pour sainte ; mais quelle apparence qu'elle ait pû se fla-
ter de mieux réussir dans ce ridicule projet avec un Directeur célébre, qu'avec
ceux qui l'avoient precedé ; & si des Témoins (*c*) ont dit que la Cadiere
étoit sujete à des extases & à des visions dès son bas âge, ils sont démentis
par l'Accusé même, qui declare (*d*) que cette fille ne lui a parlé de visions
que quatorze mois après qu'il eût commencé à la diriger, & ces mêmes Témoins
déposent des faits qui tombent au tems de cette Direction.

D'ailleurs, ces témoignages nous ont parû évidemment suspects, parce que
les faits dont parlent ces Témoins sont absolument étrangers à la plainte,
ne s'agissant alors que de sçavoir si le Pere Girard étoit coupable ou innocent des crimes contenus dans l'exposition de la Cadiere, & dans la Requête
du Promoteur ; au surplus la Sœur Barberoux Superieure du Bon Pasteur,
(*e*) dépose que la Cadiere l'a consultée sur le choix du Pere Girard pour
son Directeur, & ne fait nulle mention de la vision de l'*Ecce Homo*, dont il
a été tant parlé au Procès, & dans le *Mémoire du Carême*, ce qui exclud
toute idée de vision précedente à la Direction du Jesuite.

QUIETISME.

La Cadiere vivoit sous ce Confesseur comme sous les autres, sans aucune
distinction au dehors ; que celle qu'une pieté commune peut attirer ; mais le
Pere Girard ne tenoit pas avec elle la même conduite que les autres Confes-

(*a*) Extrait baptistaire du 19. Novembre 1709.
(*b*) Messire Giraud Curé, 2. Témoin. Anne Jaufrete 9. Loüis Calas 17.
(*c*) Sœur Marie Beaussier Clairiste, 21. Témoin : c'est celle à qui étoit adressée la Lettre de subornation du 28. Janvier par la Sœur Cogolin, Ursuline de Toulon, Pénitente de
l'Accusé. Sœur Therese Saurin 73. Ursuline de Toulon, Pénitente du Pere Sabatier Jesuite.
(*d*) Réponse de l'Accusé au 9. & 23. Interrogatoire des Commissaires, & au 41. il fixe
l'obsession au commencement de Decembre 1729.
(*e*) Ce Témoin ne sçauroit être suspect au Pere Girard.

feurs. Cette difference n'auroit été jufte, qu'en cas que la Pénitente auroit été plus avancée dans les voyes de la perfection. Sous le Pere Girard néanmoins elle commença peu à peu à fe diffiper, (*a*) à frequenter des perfonnes à la verité du même Sexe, mais propres à lui faire perdre le goût de la pieté ; elle alloit à des parties de plaifir ; elle les accompagnoit même par des danfes & des joyes immoderées. (*b.*)

La Priere vocale lui devint enfin un joug infupportable, dont elle fe débarraffa, de l'aveu & avec l'approbation (*c*) du Directeur. On ne voyoit point en elle des crimes, mais moins de vertu. C'eft dans cet état que les Entretiens avec le Pere Girard deviennent fi frequens au Confeffionnal, au Parloir des Jefuites, & à la Maifon (*d*) de la Pénitente. Nous écartons ici ce qu'elle a declaré dans fon expofition, des empreffemens qu'avoit le P. Girard de la voir, de la connoître, & de fe l'attacher ; ce témoignage pourroit être fufpect, & nous n'avons befoin que de celui qui refulte des actions de l'Accufé. Les affiduités de cette jeune fille auprès d'un Confeffeur ne commencent que fous la direction du Pere Girard, & tandis qu'elle méritoit ces diftinctions moins que jamais. Les converfations font longues (*d*) & prefque journalieres. Le Pere Girard s'y feroit-il porté par pure complaifance, ou par charité ? Elle feroit exceffive & déplacée : il ne les auroit pas fouffertes fi la pieté en eût été le feul objet. Peut-on croire qu'elles rouloient fur des affaires de confcience ? Dans fes Réponfes perfonnelles (*e*) il fixe les Confeffions de cette Pénitente *à deux fois par Semaine.* Or quel grand fujet peut avoir une jeune fille d'entretenir fi fouvent un Confeffeur à l'Eglife, & dans fa Maifon ? Si elle eût été fourbe, ce Directeur habile avoit tout le tem.. de la connoître ; fi elle ne l'étoit pas, il avoit tous les moyens de la féduire.

Le Pere Girard lui confeilloit encore la lecture de certains Livres qu'il lui faifoit même achéter, propres à gâter fon efprit & fon cœur, en lui donnant de la pieté des idées peu faines, & lui faifant regarder la mortification des fens comme indifferente ; tels étoient le Livre *des Reflexions Morales* de Monfieur de Cambrai, celui du Pere Surin Jefuite. (*g*) C'eft donc dans ce dernier qu'elle a puifé la plus grande partie des vifions contenuës dans le Memoire du Carême. Il eft juftifié qu'il prêtoit les mêmes Livres à celles de fes Péni-

---

(*a*) Anne Jaufrete 9. Témoin.

(*b*) Anne Reboul 6. Témoin. Magdelaine Julien 12. Catherine Joinville 100.

(*c*): Anne Battarel 38. Témoin. Therefe Lionne 39. La Dame Aubert Abbeffe des Clairiftes, 39. dans fa confrontation avec la Cadiere.

(*d*) Loüis Remoüil 5. Témoin. Claire Eftienne 10. Claire Berarde 11. Loüis Remoüil fils 14. François Garnier 15. Catherine Artigues 36. Catherine Garnier 37. Marguerite Ricaud 55. Claire Beringuier 57. Catherine Boyer 59. Gabriele Aube 62. Pierre Maiffrem 63. Sufanne Gallone 90. Claire Sauvaire 91. Marie-Anne Calas 98. Claire Durand 102. On n'a point confronté à l'Accufé le 15. le 90. & 91. qui difent l'avoir vû aller feul chez la Cadiere 4. ou 5. fois, 5. ou 6. fois, 10. ou 12. fois ; non plus que Magdelaine Julien, qui dépofe qu'il s'enfermoit feul à clef dans la chambre de la Laugier.

(*e*) Loüis Remoüil dit, que l'Accufé ne fortoit de la maifon de fa Pénitente que trois heures après y être entre. Claire Berarde, qu'il y alloit à une heure, & qu'il n'en fortoit que le foir.

(*f*) Réponfe de l'Accufé à l'Interrogatoire 25. des Commiffaires.

(*g*) La Cadiere l'en a fait convenir lors de fa confrontation devant la Cour.

tentes (*a*) qui n'avoient pas de quoi les acheter.

Les unes & les autres se plaignent également (*b*) de cette impuissance de Prieres ; suite inévitable du Quiétisme.

Les preuves (*c*) contraires qui résultent de la Procedure & des Lettres de l'Accusé en sa faveur, pour justifier qu'il recommandoit des bonnes lectures & des Prieres à ses Pénitentes, ne nous ont pas parû capables de contrebalancer & de détruire dès faits que l'on ne peut regarder que comme le fruit d'une erreur qui n'ose d'abord se montrer à découvert. Cette difference de tems a été parfaitement distinguée par la Querelante dans sa derniere confrontation avec l'Accusé, (*d*) & l'on a bien vû les précautions que ce nouveau Directeur prenoit pour former des Proselites, n'initiant dans ses mysteres que les sujets en qui il trouvoit des dispositions favorables.

De la même source dérive encore *cette Formule de Confession* (*e*) donnée à la Pénitente, afin qu'aucun autre Confesseur n'apperçût le mystere d'iniquité & d'abomination ; parce que cet homme si prudent, selon la chair, prescrivoit, à cette fille trop docile, ce qu'elle devoit dire & taire au Confesseur ordinaire du Monastere des Clairistes d'Olioules. La Cadiere le lui a soutenû dans la derniere confrontation. Enforte que le P. Girard embarrassé du reproche, dit : (*f*) *qu'il étoit souvent necessaire d'en agir ainsi ; & de marquer aux personnes du Sexe jusqu'à quel point elles doivent s'ouvrir, quand elles se confessent à des Prêtres vieux ou scrupuleux.*

Or nous trouvons que cette maxime est entierement conforme à la quarante-septiéme Proposition de Molinos, condamnée par la Bulle du Pape Innocent XI. où cet Hérésiarque, après avoir parlé des violences que l'on souffre par le ministere du Demon ; *qui fait*, dit-il, *maintenant des Saints, comme les Tirans en faisoient autrefois :* Il ajoûte, que quand ces violences arrivent, *il faut laisser agir Satan sans s'y opposer, mais demeurer dans son néant, & quoiqu'il s'enfuive des pollutions, & d'autres actions honteuses, & même encore pis, il ne faut pas s'en inquiéter, mais bannir les scrupules, les doutes, & les craintes, parce que l'ame en devient plus éclairée, plus fortifiée, & plus pure. . . . . Que surtout, il faut bien se garder de s'en confesser ; que c'est tres-bien fait de ne s'en point accuser, parce que c'est le moyen de vaincre le Demon, & d'acquerir un trésor de paix.*

Ce grand nombre de Passages que l'on a extraits des Lettres du P. Girard

(*a*) Là Battarel 38. Témoin.

(*b*) Les deux expositions de la Cadiere. Les dépositions de la Battarel 38. Témoin. De la Veuve Allemand 39. De Messire Giraud 2. L'Abbesse des Clairistes 19. Témoin, dans sa confrontation avec la Cadiere.

(*c*) Témoignages de quelques Pénitentes actuelles de l'Accusé, qui ont crû se mettre à couvert en l'excusant lui-même.

(*d*) Il n'enseignoit pas les mêmes maximes à ses Pénitentes, qu'il ne se fût auparavant assuré d'elles. Confrontation devant la Cour.

(*e*) Victoire Aubert, Pensionaire chez les Clairistes 30. Témoin, qu'on n'a pas voulu confronter à l'Accusé, dit avoir vû cette Formule. Ce fait paroît assez designé par deux Lettres de la Cadiere, du 19. Mai & 11. Juin, où elle dit, *qu'elle parlera au Pere Boutier jusques à un certain point.* Et dans la seconde, *qu'elle ne peut se communiquer à tout autre, ce qui ne fait pas le moindre sujet de ses peines.*

(*f*) Confrontation mutuelle devant la Cour.

& de la Cadiere, jointes à la Procedure, & mifes en parallele avec les erreurs de Molinos dans un (*a*) imprimé employé pour la défenfe de cette fille, & que nous avons verifié fur les Originaux, forment encore une démonftration parfaite contre ce Jefuite de fes fentimens infectés de Quietifme.

Ces Lettres cependant entretenoient cette jeune Pénitente dans la prévention folle qu'elle avoit atteint la plus fublime perfection, & que ce n'étoit pas fans raifon qu'elle étoit un objet de veneration confultée par les perfonnes du premier Ordre, (*b*) fur l'interieur de leurs confciences, invoquée même. C'eft ainfi que ce Directeur abufant de la credulité de fa Pénitente, la laiffoit joüir du titre de Sainte.

Delà cette infortunée Pénitente toute pleine du P. Girard, & des effets de fa Direction, étoit comme étourdie du bruit de fainteté qu'il lui attiroit ; erreur où il l'entretenoit en la confultant pour lui même. (*c*) Cependant nous n'avons jamais oublié qu'à travers toutes les merveilles, ou tous les preftiges de cette Direction, on ne voyoit en elle qu'un fujet affez (*d*) commun ; une fille qui ne differoit de fes Compagnes que par fa jeuneffe, fa fimplicité, & la prédilection de fon Directeur.

Ses Compagnes (*e*) s'aidoient à la féduire, & c'eft la nouvelle Direction qui lui avoit procuré ces funeftes liaifons. Ce n'étoient que des Pénitentes du P. Girard, qui ne parloient que de lui, (*f*) qui étoient marquées au même fceau. Le Directeur en faifoit l'objet de fes complaifances & de fes foins. Il portoit fes attentions pour elles au delà de ce qu'un Confeffeur n'a jamais fait. Il entroit même pour beaucoup dans leurs plaifirs, & leur fourniffoit de quoi les affaifonner. (*g*)

Parmi ces Compagnes on doit diftinguer la fameufe Guiol, femme d'un Menuifier, Pénitente de l'Accufé, & comme l'on dit, *ftigmatizée*, (*h*) admiratrice perpetuelle de la Cadiere, qui l'avoit accompagnée dans fes voyages, qui fanctifioit par fes difcours & par fon exemple l'attrait de la Pénitente pour le Directeur, & les reconcilioit enfemble dans le befoin. (*i*)

Mais ce qui met le comble à la féduction, & ce qui doit étonner davantage

(*a*) Parallele des fentimens du Pere Girard avec ceux de Molinos, juftifié par les Lettres qu'il écrivoit à la Demoifelle Cadiere, parce qu'il lui enfeignoit de même qu'à fes autres Pénitentes, & par ce qu'il pratiquoit lui même. Imprimé à Aix lors du Procès.

(*b*) M. l'Evêque de Toulon, l'Abbé Camerles fon Aumonier, le Pere Grignet Jefuite. Lettre de la Cadiere du 22. Juillet. Lettre du P. Girard du 29. Juin 1730.

(*c*) Lettre de l'Accufé du 16. Juillet, 3. & 4. Août 1730.

(*d*) La Dame Aubert, Abbeffe d'Olioules.

(*e*) La Dame Giraud 54. Témoin, dépofe avoir oüi dire à la Reboul, Pénitente de l'Accufé, qu'il y en avoit beaucoup en Paradis qui n'avoient pas fait tant de miracles que la Cadiere. La Sœur Boyer 97. Témoin, a oüi tenir ce langage à la fameufe Guiol.

(*f*) Magdelaine Julien 12. Tém. Magdelaine Allemand 92. La Sœur Boyer 97. Anne Battarel 38. Témoin.

(*g*) L'accufé prêtoit à fes Pénitentes le Clerc des Jefuites, pour leur faire la Cuifine. Il l'a avoüé au 143. Interrogatoire des Commiffaires. Dépofition de Catherine Joinville 100.

(*h*) La Cadiere le lui a foutenû dans fa confrontation.

(*i*) Lettre de la Guiol du 30. Août, au Factum de l'Accufé, page 30.

tage des Juges Chrétiens , c'eſt que moins la Pénitente étoit attentive
à conſerver l'eſprit de Religion, plus le Directeur lui en faiſoit multi-
plier les actes.

Cette regle (a) de conduite nous a parû une des plus ſures marques
du Quietiſme , tant reproché au Pere Girard. Perſonne n'ignore que
c'eſt l'erreur la plus ſubtile & la plus dangereuſe qui ſe ſoit jamais in-
troduite dans le Chriſtianiſme ; car ſous prétexte d'une union avec Dieu,
par l'eſprit dont on pretend que les ſeuls mouvemens dépendent de nous,
elle calme les remords de la conſcience ſur tout le reſte.

En comparant la Cadiere avec les perſonnes imbuës de cette erreur,
nous avons trouvé dans la Pénitente , même conduite , même langage,
mêmes ſimptômes ; dans le Directeur, même Morale , mêmes caracteres,
enfin même familiarité avec les choſes ſaintes qui accoûtume à l'erreur,
& qui la conſacre en quelque façon.

Mais en cherchant le motif du langage miſtique , qui étoit continuelle-
ment dans la bouche du Directeur, & de ſon attachement pour ſa Pénitente , nous avons réconnu la verité de l'accuſation formée contre lui,
& nous avons parfaitement compris que le P. Girard , homme comme
les autres, s'étant mis ſans aucune neceſſité , & contre toutes les regles
de la bienſéance , dans une occaſion continuelle de chute , avoit ſait
une funeſte expérience de ſa foibleſſe ; qu'il avoit ſeduit d'abord l'eſprit
de ſa Pénitente , pour aller plus ſurément au cœur ; que c'étoit à mauvais deſſein qu'il avoit gagné ſa confiance , & qu'il éblouïſſoit le Public
par le faſtueux appareil de ſa Direction.

Bien plus, ſa conduite (b) à l'égard de ſes autres Pénitentes, fait voir
tout à la fois , & la ſimplicité de la Cadiere, & l'abus horrible que le
Pere Girard en a fait , non par hazard & par occaſion, mais par principe & par habitude.

Ici, pour peu qu'on ſoit touché du zele pour la Maiſon du Seigneur, ,
on ne peut qu'être indigné de voir un homme de cinquante ans à la tête
d'une Communauté Religieuſe, Directeur du Seminaire de la Marine,
& du Diocéſe, comptable de ſes actions à tant de perſonnes ; être tous
les jours entouré d'une troupe de Dévotes choiſies, dans une condition
baſſe, nourries des maximes d'une vaine ſpiritualité , toutes marquées
d'un caractere nouveau, qui ſemblent devenir le Peuple élû de Dieu
dès qu'elles ſont ſous ſa Direction , avec qui cependant ce Jeſuite prend
des libertés, (c) de qui il en ſouffre ; qui ſe les communiquent les unes &
les autres , & ſe raſſurent par cet exemple.

<hr>

(a) Molinos dans ſa Guide Spirituelle conſeille la frequente Communion , & deſap-
prouve l'uſage des Pénitences qu'on s'impoſe à ſoi-même. C'eſt auſſi la Doctrine de la
trente-huitiéme Propoſition , condamnée par la Bulle d'Innocent XI.
(b) Dépoſitions de Meſſire Giraud Curé, 2. Témoin, d'Anne Battarelle 38. de la
Veuve Allemand 39. de Magdelaine Allémand 92. de la Sœur Boyer 97.
(c) Aveu de l'Accuſé au 140. Interrogatoire des Commiſſaires , d'avoir été em-
braſſé par la Battarel, dans une chambre de la maiſon de la Cadiere. Dépoſition de la
Battarel de l'avoir baiſé dans l'Egliſe , au confeſſional. Claire Berarde , qui dit l'avoir
ſurpris baiſant la Guiol. Confrontation de la Cadiere avec la Guiol.

D.

INCESTE SPIRITUEL.

Les hommes d'une certaine espece agissant consequemment sur tout dans les démarches d'éclat ; & dès que la vertu n'en peut pas être l'ame, il faut en chercher la source dans le crime. Or tout ce que nous avons remarqué nous amene naturellement à l'Inceste Spirituel, & détruit ce vain & frivole prétexte, qui a été la raison triomphante de l'Accusé : *Il n'est pas prouvé que le Pere Girard soit Sorcier, donc il n'est point incestueux ?* aussi à-t-elle fait peu d'impression sur nous.

Nous n'avons pas besoin d'entrer dans le détail des infamies que la Cadiere dit s'être consommées dans sa chambre ; (a) nous ne voyons cette chambre que par les dehors, le Pere Girard en écartoit tout le monde en y entrant, & s'y enfermoit seul à seul avec sa Pénitente : Mais les soupçons suivent naturellement une (b) pareille démarche, qui dans un Laïque prouveroit le crime par elle-même, en formant une présomption, *Juris de jure.* On veut cependant que le préjugé cesse en faveur du Directeur ; aussi nous n'avons pas voulu le condamner par cela seul qu'il s'est enfermé, ni même sur l'exposition d'une fille, qui revele malgré elle sa turpitude, & qui est plus digne de foi que tant d'autres que l'on croit sur leur serment.

La difference que l'on fait d'un Laïque & d'un Directeur qui s'enferment tous deux, avec une personne de different Sexe, est fondé sur la prévention qu'on a naturellement contre l'un, & celle qu'on a également en faveur de l'autre ; mais il faut faire entre-eux une seconde difference, par raport au bon exemple & aux bienséances de l'état, qui n'est point en faveur de l'Accusé. (c)

S'enfermer donc à clef, & seul avec sa Pénitente, est une action extraordinaire, que la seule necessité peut excuser, & que l'on présume d'abord innocente, par ce qu'on la croit necessaire. Le Pere Girard pressé sur cet article, l'attribuë (d) à une espece *de necessité.* Nous ne pouvions pousser l'équité ou l'indulgence plus loin que de le juger par sa bouche.

Sa premiere raison est, *qu'il avoit alors à parler à sa Pénitente de l'interieur de sa conscience.* C'est là une raison d'écarter le monde, mais non pas de se fermer à clef pour empêcher d'être vû : outre qu'il n'étoit pas

(a) Les deux expositions de la Cadiere 81 confrontation avec le Prieur des Carmes. Les confidences qu'elle faisoit aux Témoins 22. 38. & 97. dans le tems qu'elle étoit sous la Direction du Pere Girard, & qu'elle passoit pour Sainte, & aux Témoins 39. & 92. avant le Procès.

(b) Claire Berarde 11. Témoin. Confrontation de l'Abbé Cadiere avec le Pere Girard.

(c) L'Accusé répond d'une façon singuliere à l'Interrogatoire 55. Interrogé s'il s'enfermoit avec elle, il répond que *non*, & tout de suite il ajoûte, que cela lui est arrivé *quelques fois après Pâques.* Au 83. Interrogatoire il avoüe que cela lui est arrivé huit à neuf fois.

(d) Réponses du Pere Girard au 84. Interrogatoire des Commissaires.

possible qu'une jeune fille, d'une vie commune, & alors presque toûjours infirme, pût fournir par l'interieur de sa conscience à de si longs & de si frequens entretiens.

La seconde est, dit-il, *pour voir ses playes*; mais il y avoit de l'indécence à voir celle du côté, (a) & plus que de l'indécence à la voir fermée à clef & sans témoins, à la voir si souvent, sans souffrir que nul autre la vit avec lui; Pouvoit-il par la seule inspection de ses playes juger si elles étoient naturelles ou non? & si c'étoit des ulceres, comme il l'a dit dans ses défenses, ce n'étoit pas à lui à les visiter. C'est dans ces entretiens secrets qu'il avoit porté la main sur le sein (b) de sa Pénitente, *pour voir si sa poitrine & ses côtes étoient relevées*; pouvions-nous croire cet attouchement necessaire?

La troisiéme raison est, *de prendre une serviete & des coëffes teintes du sang de sa Pénitente, & une Croix garnie de pointes*; mais il y avoit encore la moins de necessité de se fermer à clef, outre que c'étoit l'affaire d'un moment.

La quatriéme raison ne peut-être que fausse, c'étoit, dit-il, pour assister aux ravissemens de sa Pénitente, *dont il ne vouloit pas que le Public fut témoin*, tandis qu'ils se passoient au vû & sçû de toute la Ville. (c)

Nous avons encore observé que la Cadiere avoit trés-souvent des accidens convulsifs lorsque le Pere Girard étoit enfermé avec elle, trés-souvent même il la trouvoit en cet état en entrant dans sa chambre; Quel besoin de s'y arrêter? *Il attendoit*, dit-il, (d) *que l'accident eût passé pour lui parler de Dieu*; mais ne pouvoit-il pas prendre un tems plus convenable que celui du retour d'un accident? y avoit-il à craindre pour la vie de la malade? D'ailleurs ces accidens semblables à ceux de la Laugier (e) la mettoient ou pouvoient la mettre dans des situations capables d'allarmer la pudeur des moins scrupuleux; le Pere Girard étoit-il tranquille? & s'il ne l'étoit point, pourquoi rechercher les occasions? pourquoi n'appeller personne de la Maison pour porter un secours qu'il ne lui convenoit pas de donner, & dont la malade pouvoit avoir besoin?

Peut-on penser favorablement de lui dans cet état, lorsqu'on le voit

(a) Il dit, au 77. Interrogatoire, que cette playe étoit ordinairement sanglante, ce qui démontre qu'il la voyoit ordinairement, il l'avoit même baisée, comme il paroît par la déposition de messire Giraud 2. Témoin, à qui la Reboul l'avoit dit, & par celle de la Battarel 38. Témoin, & la Cadiere l'a confirmé même dans sa variation.

(b) Réponse de l'Accusé au 12. Interrogatoire, des secondes Réponses pardevant les Commissaires; il dit, qu'il toucha les costes par dessus le mouchoir qu'elle portoit au col. Il convient d'avoir dit à la Cadiere, qu'il avoit lui-même le *costé droit plus élevé que l'autre*. N'est-ce pas là un aveu de cette playe interieure dont il disoit à sa Pénitente que la volonté de Dieu étoit qu'elle s'unit à celle qu'elle avoit elle-même au costé gauche, ainsi que le déposent la Battarel 38. Témoin, la Sœur Boyer 97. Témoin.

(c) Marguerite Ricaud 55. & tant d'autres déja citez, & qui en ont eux-mêmes été les spectateurs.

(d) Réponse de l'Accusé à l'Interrogatoire 59. des Commissaires.

(e) Marguerite Lapose 52. Elisabeth Gucita 98. Lucresse Ardissonne 103. Les amies de la Laugier disoient que c'étoit un mal divin. Claire Roque 42. Therese Bonifai 43. & tant d'autres déja citez.

agir dans la Maiſon de la Laugier, en pareils accidens, d'une maniere
ſi ſuſpecte ? Cette autre Pénitente du Pere Girard ſe roule dans ſon lit
d'une façon à ſcandaliſer les ſpectateurs, par ſes attitudes, par ſes blaſ-
phêmes, & par les extravagances qu'elle dit de ſon Directeur; ce Jeſuite
vient chez elle, *fait ſortir tout le monde de la chambre, s'enferme ſeul à
clef, & l'accident s'évanoüit.* (a)

Si à ces réflexions on joint l'idée de ſa conduite avec la Cadiere pendant les trois premiers mois de ſéjour qu'elle à fait dans le Monaſtere
d'Olioules, pourra-t-on douter encore des deſſeins criminels que ce Directeur avoit ſur ſa Pénitente? Malgré un éloignement aſſez conſiderable,
pour ne faire que des Voyages neceſſaires, & par un pur mouvement
de zele & de charité, dont on ne voit pas même de prétexte ; il la viſite
deux fois par (b) Semaine. Les dépoſitions des Religieuſes Clairiſtes
nous apprennent à quoi ces frequentes conferences à l'Egliſe ou au Parloir (c) étoient employées. Il lui écrit chaque jour une fois au moins, &
ſouvent deux. La ſeule de ſes Lettres qui eſt reſtée ſans être ſuſpecte d'al-
teration, préſente des idées affreuſes du crime que les détours les plus
recherchez & les plus obliques n'ont pû couvrir. Les dernieres paroles
qu'elle renferme, où il fait valoir tant de *titres pour interreſſer un bon
cœur*: (d) Reflechiſſant uniquement ſur la Créature, pourroient - elles
jamais être ſuſceptibles d'une bonne & ſaine interpretation, non plus
que tant d'autres qui ont également ſcandaliſé les perſonnes mondaines,
& celles qui ne le ſont pas ?

Si l'on s'arrête enfin un moment à l'époque de leur ſéparation, ſi l'on
en peſe toutes les circonſtances, on remarque le plus fort attachement
du Directeur pour ſa Pénitente, (e) ne prenant ſon congé que forcé, &
lui offrant toûjours ſes *ſervices ;* & les faux prétextes qu'il lui ſuggere
pour colorer cette rupture, choquent également la verité & la vrai-
ſemblance.

Les actions font ici naître les ſoupçons, l'examen les fortifie & les porte juſqu'à l'évidence. Le Pere Girard a ſouffert que ſes Dévotes le
baiſaſſent, ſans ceſſer de les diriger. Il ne s'eſt pas fait un ſcrupule de
prendre avec elle cette liberté dans l'Egliſe, ailleurs, même juſques dans le
Tribunal

(a) Magdelaine Julien 12. Anne. Bellonne 46. Marie Laugiere 53. Thereſe Villeneuve 99. Catherine Joinville 100. Lucreſſe Ardiſſonne 103. Catherine Ferrand 108.
Témoin.

(b) Marion Hermite 94. Témoin.

(c) Il la voyoit ſeule au Parloir, la petite fenêtre de la grille ouverte. Confrontation
de la Sœur Aubani avec la Cadiere. A la grille du Chœur la petite fenêtre auſſi ouverte,
où il la baiſoit, ſans reſpect pour le Saint Sacrement, & lui touchoit la main. Sœur
Guerin, Sacriſtine 26. Témoin. Marie Materonne, Tourriere ; 8. il la baiſoit auſſi au
Parloir & ailleurs. Lucreſſe Materonne 25. Sœur Duprat 24. pendant qu'il étoit
dans l'Egliſe pour lui parler à la grille du Chœur, il fermoit la porte de l'Egliſe, &
lui faiſoit fermer la porte interieure du Chœur. Sœur de l'Eſcot 20. Tém. Sœur Duprat
24. dans leur recollement.

(d) Lettre de l'Accuſé du 22. Juillet 1730.

(e) Lettre de l'Accuſé du 15. Septembre 1730.

Tribunal de la Pénitence. Chacune d'elles s'est avoüée le fait. L'accusation de la Cadiere en ce point est soutenuë par (*a*) plusieurs témoignages. Cette liberté n'en amene-t-elle pas d'autres avoüées encore, qui d'ailleurs font d'une nature à ne pouvoir être prouvées par des Témoins oculaires ?

Tout annonce les dernieres chutes, & tout y prépare. Nous avons vû l'Accusé jetter dans la premiere année de direction des semences d'erreur dans l'esprit de sa Pénitente, & substituer une spiritualité pernicieuse, à la simplicité de l'éducation. De l'esprit il a passé au cœur, & pour y faire entrer l'amour prophane, il l'a transformé en amour divin; quand il a fallu s'assurer d'elle, le Directeur a montré les mêmes reserves qu'avoient eû les autres Confesseurs; quand il l'a dressée selon ses vûes, & qu'il a voulu se l'assujetir, il a mis tout en œuvre; conversations éternelles, lectures, messages, exemples, complaisances, formules de Confession, frequens Voyages, Lettres enfin confecutives quand il n'a plus été à portée de la voir tous les jours.

Ces Lettres respirent encore la passion, malgré leur changement, & la suppression (*b*) d'un certain nombre, & sont assorties au plan du Séducteur; c'est un mélange perpetuel de pieté & de galanterie. Il avoit pris dès le commencement des précautions (*c*) pour empêcher qu'elles ne fussent interceptées; & pour mieux tromper les personnes qui pouvoient éclairer ses démarches, il avoit soin d'en envoyer deux à la fois d'une espece differente, l'une à pouvoir être montrée, & l'autre (*d*) pour la seule Pénitente; la pieté connoît-elle ces rufes & ces détours ?

Parmi ces Lettres, celle qui porte le nom de la Guiol, (*e*) mérite une attention particuliere; car elle prouve quatre choses essentielles, qui sont comme l'abregé de ce Procès. 1°. Que le Pere Girard étoit passionné pour sa Pénitente. 2°. Que cette fille étoit dans la bonne foi. 3°. Que pour la tromper, & le Public avec elle, il couvroit ses honteux desseins du voile de la Religion. 4°. Enfin qu'il n'a pas été le maître de tenir plus long-tems la Cadiere sous sa Direction, & combien il lui en a coûté pour s'en separer. (*f*)

(*a*) Les deux expositions de la Cadiere. La déposition de la Battarel, qui avoüe l'avoir baisé, & dans la maison de la Cadiere, & dans le Confessional. Témoins ci-dessus. Aveu du P. Girard au 140. Interrogatoire des Commissaires.

(*b*) Le P. Girard confronté avec le P. Cadiere, convient d'avoir écrit 24. ou 26. Lettres à sa sœur, & il n'en représente que 14.

(*c*) Lettre de l'Accusé du 5. Juin 1730. à l'Abbesse, où il lui demande de lui accorder que ses Lettres puissent aller à cette fille sans *être vûës.*

(*d*) La Battarel dans sa confrontation avec le P. Cadiere, avoüe avoir été la porteuse de ces Lettres secretes. Le P. Girard dans ses réponses pardevant la Cour, dit que cela n'est arrivé qu'une fois, & avant que l'Abbesse lui eût accordé de ne point ouvrir ces Lettres; cependant cette faveur lui fut accordée dès l'entrée de cette fille dans le Monastere, comme on le voit par sa Lettre du 5. Juin.

(*e*) Lettre de la Guiol du 30. Août 1730.

(*f*) La Lettre de la Guiol est du 30. Août, tems auquel M. l'Evêque vouloit donner un autre Confesseur à cette fille. Voilà le sujet de la grande desolation dont il est parlé dans cette Lettre.

E

A V O R T E M E N T.

L'incefte étoit l'effet naturel de la paffion du Pere Girard ; la groffeffe & l'avortement font la fuite de l'incefte. La groffeffe eft affez indiquée par un dégoût mortel, (*a*) & des vomiffemens continuels, qui en font les fimptômes ordinaires ; & le breuvage que le Directeur donnoit à fa Pénitente, (*b*) eft la preuve de l'avortement. Il a d'abord nié (*c*) d'avoir donné aucun breuvage, enfuite il s'eft expliqué, & il a dit, *que c'étoit de l'eau pure*. (*d*) Ce fait ainfi conftaté eft relevant ; car qui obligeoit le Confeffeur à cet office ? C'eft *par charité*, a-t-il répondu ; mais c'eft ici une vertu fufpecte, l'eau auroit été portée fans lui par les gens de la Maifon, & c'étoit bien affez d'avertir, fans fe donner la peine de l'aller prendre, & de vouloir la porter lui-même.

Outre qu'on a lieu d'être étonné qu'il n'ait jamais pris un vafe (*e*) tranfparant : S'il ne s'agiffoit que d'eau fimple, pourquoi borner cette charité à donner de l'eau & non autre chofe ? à ne la donner que *huit jours de fuite* ? à ne la donner qu'une fois par jour ? à empêcher que d'autres que lui ne la donnent?

Si c'étoit de l'eau pure & non rougeâtre, pourquoi la Pénitente dans fa variation n'a-t-elle pas nié la couleur ? il ne lui en coûtoit pas d'avantage. Cependant on a crû devoir lui faire expliquer cette couleur, (*f*) & dire que *cette eau étoit teinte de fon fang, parce que feignant du nez* lorfque le Pere Girard la lui prefentoit, *il en tomboit quelques goutes* qui la rougiffoient. Explication fâcheufe & bien contraire à la vrai-femblance. Ces goutes periodiques & obéiffantes confirment toute l'idée du crime. De plus cette teinture de fang n'auroit-elle pas d'abord rebuté cette fille, & quelque ardente qu'eût été fa foif, auroit-elle pû la porter à boire fon propre fang, mêlé avec une liqueur qu'on pouvoit fi promptement & fi facilement remplacer ?

L'eau pure & fimple ne produit pas d'auffi puiffans effets que celui qui a fuivi le breuvage donné par le Pere Girard. Nous entendons parler ici de la grande perte de fang (*g*) furvenuë à la Cadiere. L'Accufé a été auffi embaraffé fur cet article, que dans le precedent.

On lui demande fi tous ces breuvages (*h*) n'avoient pas procuré une

(*a*) Pendant le Carême de 1730.
(*b*) Claire Berarde 11. Témoin.
(*c*) Réponfe de l'Accufé à l'Interrogatoire 101. des Commiffaires.
(*d*) Réponfe du même à l'Interrogatoire 102.
(*e*) Claire Berarde 11. Témoin, dépofe que l'Accufé venoit fouvent prendre une écuelle d'eau à la Cuifine, & ne vouloit pas qu'aucun autre s'en mêlât, quoiqu'on le lui offrit. Il n'a pas efté interrogé par les Commiffaires fur les circonftances marquées dans cet article.
(*f*) Reponfe de la Cadiere à l'Interrogatoire 116. & le 21. de fa variation.
(*g*) Vers le milieu d'Avril 173.
(*h*) Réponfe de l'Accufé à l'Interrogatoire 105. des Commiffaires.

perte de fang à la Cadiere, & il répond, *qu'il n'a jamais donné de breu-*
vage. Il avoüe néanmoins enfuite cette perte, (*a*) qu'il dit lui-avoir été
donnée pour miraculeufe par fa Pénitente ; mais il fe contredit dans cette
imputation ; car dans fes Réponfes perfonnelles, (*b*) il fait dire à la
Cadiere, que Dieu lui ôtoit tout fon fang *pour la renouveller*, & dans
fes Défenfes, (*c*) *pour la faire mourir.* D'ailleurs ce Jefuite étoit-il
homme à fe laiffer prendre par des raifons auffi pueriles l'une que
l'autre ?

On reprochoit encore à l'Accufé d'avoir vû avec une curiofité trop in-
tereffée le vafe plein de fang perdu par la Pénitente, & d'avoir demeuré prefent & à côté d'elle, tandis qu'elle rendoit ce fang ; il avoüe (*d*)
l'avoir vû ; preuve d'une familiarité bien indigne, & d'avoir *vû une li-*
queure noirâtre : preuve de la caufe de cette perte ; mais dans fes Réponfes (*e*) il a *vû prendre & emporter le vafe fur le champ* ; & dans fes Défenfes, il dit, qu'on le lui a (*f*) *montré.* Ce mot juftifie affez le reproche & l'interêt qu'il y avoit à le voir ; à quel autre deffein l'auroit-il
vû, fi ce n'eût été pour verifier le parricide effet du breuvage ? (*g*)

N'eft-ce pas infulter aux lumieres des Juges que de vouloir leur faire
entendre qu'un pareil examen n'étoit que pour fçavoir fi la caufe de cette
perte étoit naturelle ou divine ? Cet examen étoit-il le fait du Directeur?
Ce fang avoit-il quelque figne à pouvoir connoître pourquoi la Pénitente le perdoit ? Par le feul fecours de fon art comment pouvoit-il diftinguer d'où venoit cette perte, fi elle étoit divine, ou fi elle étoit naturelle ? Pourquoi enfin l'appeller un mal divin, & empêcher la Mere al-
larmée, de confulter des Médecins fur l'état de fa fille ? (*h*)

La Cadiere avoit dit dans fon expofition au Lieutenant, que ce fang
perdu après le breuvage étoit mêlé d'une maffe *de chair*, elle le confir-
ma dans la derniere confrontation, fur quoi le P. Girard la reprit, en
foûtenant que ce n'étoit qu'une *maffe* de fang ; *vous avez donc examiné*
mieux que moi ce que c'étoit, lui dit la Pénitente, & le Directeur ne
repliqua point. (*i*)

C'eft par le breuvage que le P. Girard avoit calmé les fecretes allar-
mes que la confommation du crime devoit naturellement lui caufer ; mais
il paroît bien qu'elles ne l'avoient pas rendu plus refervé, & qu'il y avoit

(*a*) A l'Interrogatoire 106. & fuivans.
(*b*) Au même Interrogatoire 106.
(*c*) Page 36. de fon premier Factum.
(*d*) Réponfe au même Interrogatoire 106.
(*e*) Réponfe au même Interrogatoire 106.
(*f*) Page 40. de fon premier Factum.
(*g*) Claire Berarde 11. Témoin, dépofe que lorfque la Cadiere lui remit ce vafe plein
de fang, le P. Girard s'écria par deux fois, *qu'elle imprudence !*
(*h*) Claire Berarde 11. Témoin.
Aveu du P. Girard dans fa confrontation avec l'Abbé Cadiere. Il difoit auffi à la Maîtreffe des Novices d'Olioules, que le mal de la Cadiere étoit furnaturel, 20. Témoin,
dans fon recollement.
(*i*) Confrontation mutuelle pardevant la Cour.

encore donné lieu. Dans une de ses Lettres à la Cadiere (*a*) il lui demande des nouvelles d'une suppression qui devoit l'inquiéter. *Marquez-moi*, lui dit - il , *quand & comment les biens sont revenus. Je supplie celui qui en est l'unique source de les répandre sur vous avec plus d'abondance que jamais , & que cette suppression qui a été mise en vous par vos fautes , soit comme une digue enfin rompuë , après quoi les eaux inondent & entraînent tout.* C'étoit sans doute par le même motif, qu'à peine arrivé au Couvent, son premier empressement avoit été de demander à l'Abbesse & à la Maîtresse des Novices si la Cadiere n'avoit point *eû de perte de sang*, ce qui blessa extrémement la pudeur de ces Religieuses , peu accoutumées à pareilles demandes. (*b*)

Nous negligeons ici d'autres preuves (*c*) des crimes de la Direction du Pere Girard , parce qu'il a fallû choisir ; il a prétendu les détruire par trois exceptions principales , qui néanmoins les laissent dans leur entier. Car , 1°. en mettant à part la forçellerie , comme de trop dure créance , l'Accusatrice n'auroit manqué que dans l'attribution des effets merveilleux de la Direction du Pere Girard , en qui on trouveroit encore plus à redire de les avoir attribuez au doigt de Dieu , (*d*) & d'avoir d'abord fixé la croyance des Cadieres & du Public , incertains de ce qu'on en devoit penser. Mais que le Pere Girard soit Sorcier ou non , sa Direction en est-elle meilleure & moins criminelle ? en est-il moins Quietiste ? en est-il moins homme ?

2°. La grande perte de sang de la Cadiere est survenuë vers le milieu d'Avril. La Cadiere , dit l'Accusé , prétend n'avoir été connuë qu'à son retour d'Aix, & sur la fin de May ; l'avortement est donc incroyable, se trouvant placé avant la premiere joüissance. Mais l'effet de cette espece de connoissance , qui est bien exprimée dans l'exposition à l'Official, ne désigne qu'un embrassement plus honteux (*e*) que la perte ne pouvoit indiquer. La Cadiere a fort bien distingué ce nouveau crime d'avec la joüissance , dont elle ne marque l'époque que d'une maniere générale, & ne là date que du tems que le Pere Girard la visitoit dans sa chambre , (*f*) & s'enfermoit avec elle. Or dès qu'il ne peut nier s'être enfermé seul à clef plusieurs fois , & sans aucune necéssité , avec sa Pénitente ; si hors de la chambre , & croyant n'être pas vû , il prenoit des (*g*) libertez criminelles avec elle , comme avec d'autres , que n'aura-t-il pas fait dans la chambre ? (*h*)

3°. Com-

(*a*) Lettre du 30. Juillet , trois semaines après qu'il eût été fermé avec elle dans une chambre du Monastere d'Olioules.

(*b*) L'Abbesse & la Maîtresse des Novices , 19. & 20. Témoins , dans leur recolement.

(*c*) Les dépositions des Témoins 2. 19. 20. 22. 24. 25. 26. 27. 38. 39. 100.

(*d*) 11. 18. 20. 36. 98. Témoins.

(*e*) Il l'embrassa *par derriere*. Exposition à l'Official.

(*f*) Depuis le mois de Decembre 1729. jusqu'au 6. Juin 1730. qu'elle fut au Monastere d'Olioules.

(*g*) Témoins 8. 11. 24. 25. 26. 38.

(*h*) Confidences de la Cadiere aux 22. 38. 39. 92. & 97. Témoins.

3°. Comment, a-t-on dit encore, les Cadieres ne se seroient-ils pas défiez du Pere Girard, s'il alloit voir sa Pénitente à mauvais dessein ? &
pourquoi l'auroit-il envoyée à Olioules, si elle étoit l'objet de sa passion
immoderée ? Ces prétextes sont encore plus foibles que les premiers.
Les Cadieres sçavoient-ils que ce Directeur eût des vûes criminelles sur
sa Pénitente, pour se défier de lui ? Une aveugle prévention en sa faveur
jointe à l'idée qu'il leur avoit donnée de la sainteté de cette fille, avoit
écarté tous les soupçons ; & s'il l'a fait sortir de Toulon, c'est par ce que
les frequentes visites commençoient à exciter quelques murmures, & ne
pouvoient pas toûjours édifier les voisins. D'ailleurs n'a-t-il pas sçû se dé-
dommager de l'absence par ses Lettres, & par ses Voyages, & tant de
témoignages qu'a fourni le Monastere des Clairistes, où la Pénitente s'étoit
retirée , ne démontrent-ils pas que le Directeur n'étoit pas plus chaste à
Toulon qu'à Olioules.

SECONDE PARTIE.

Le Pere Girard Accusé.

Toutes ces frivoles exceptions entrent dans la seconde idée que nous
avons prise du Pere Girard comme Accusé, & nous pouvons dire qu'elle
nous a saisi encore plus que la premiere. L'innocence porte sa justification avec elle, & n'a pas besoin de tant d'artifices pour se faire jour à
travers l'imposture & la calomnie, sur tout quand les Adversaires ne sont
pas rédoutables, ni par eux-mêmes ni par leur crédit. Nous avons reconnu
ce Jesuite coupable, par ses efforts & par son embarras.

Le premier pas qu'il fait, dans la crainte d'une accusation prochaine,
à laquelle personne ne pensoit encore, est de retirer ses Lettres, (*a*)
dont la promte remission est une nouvelle preuve de la bonne foi de la
Pénitente.

Il lui offre ses services dans un tems où il avoit plus d'interêt de s'en
détacher, & de faire croire qu'elle l'avoit trompé. Ne pouvant la retenir sous sa conduite il lui fournit des excuses favorables pour couvrir le
changement de Directeur. (*b*)

Quand par sa faute ou celle de ses Protecteurs les crimes éclatent,
l'accusation ne l'étonne point. Il prêche, il confesse, comme si c'étoit
un autre que lui qui fut accusé, & exerce sans pudeur & au scandale
du Public, le même ministere qu'il a prophané par tant de prévarications.
Il confesse encore les mêmes (*c*) Pénitentes, complices de ses desor-

(*a*) Lettre de l'Accusé du 22. Août 1730.
La Dame Giraud 54. La Sœur de l'Escot 20. Témoin dans son recolément.
(*b*) Lettre du Pere Girard du 15. Septembre 1730.
(*c*) La fameuse Guiol 3. la Taugier 4. la Reboul 6. la Gravier 13. la Berluc 41. les
Religieuses du Monastere de Sainte Ursule de Toulon, qui sont les Témoins 67. 68.

F

dres, qui paſſent du Tribunal de la Pénitence à l'Auditoire de Juſtice, &
dépoſent devant le Juge les inſtructions du Directeur.

Ces Pénitentes font partie des Témoins que le Promoteur a adminiſtré,
dans le deſſein de préparer des faits juſtificatifs à l'Accuſé ; deſſein bien
prouvé par la Procedure, puiſque de tous les Témoins qu'il a fait ouïr aucun n'a été confronté avec le Pere Girard, parce qu'ils ne faiſoient pas
charge contre lui.

La prévarication du Promoteur aſſortiſſoit le plan des défenſes de
l'Accuſé, & l'on a d'abord établi pour principe ce qui ne pouvoit être
encore qu'un ſoupçon. Ainſi la Cadiere veut-elle ſe confeſſer, on lui demande pour préliminaire *une reparation publique de ſes (a) ſcandales*. Le
Jacobin & le Prieur des Carmes ſont interdits pour ne vouloir pas ſe
prêter au projet de rendre au Pere Girard la reputation, dont ils le
croyoient tres-indigne. L'interdit préparoit les deux Religieux au decret
qui fut laxé contre eux plus grave que contre l'Accuſé ; decret irregu-
lier dès lors, mais toûjours tres-leger s'ils étoient calomniateurs, & trop
injuſte s'ils ne l'étoient point, comme on l'a reconnu dans le Jugement
définitif. Delà quelle idée doit-on prendre de ce complot, qui eſt comme le centre d'où partoient & aboutiſſoient toutes les défenſes du Pere
Girard ?

Dès qu'on ne peut gagner des Témoins, on les (b) intimide, on les
ſuborne. La Tourriere des Clairiſtes d'Olioules avoit dépoſé contre le P.
Girard les faits les plus relevans ; La *Sœur de Cogolin*, Urſuline de
Toulon, & Pénitente de l'Accuſé, ſe charge de détruire un témoignage
ſi fâcheux. Elle écrit (c) à cet effet à une Clairiſte de ſes amies, *que les
Religieuſes qui n'ont pas encore dépoſé, doivent parler des liaiſons de la
Tourriere avec la famille des Cadieres, & de la penſion qu'on lui avoit pro-
miſe*. Elle leur ſuggere ainſi des faits qu'elles n'auroient pas dit ſans ce
ſecours. Cela fut éxecuté lors de la nouvelle deſcente que le Lieutenant
(d) fit à Olioules peu de jours après cette Lettre, & dans le recolement des Religieuſes qui fut fait enſuite (e) par Meſſieurs les Commiſſaires, ce qui démontre la ſubornation de ces Religieuſes, c'eſt qu'ayant
dépoſé le 6. & le 7. Decembre, elles ne ſe ſont point ſouvenuës de ce

---

72. 78. 82. 83. dont les quatre dernieres dépoſent avoir oüi dire à la nommée Pauque
que le Prieur des Carmes danſoit & chantoit des chanſons à boire avec la Cadiere. Fait
non ſeulement étranger à la plainte, mais démenti par la dépoſition de la même Pauque
76. Témoin, & par ſa confrontation avec la Cadiere.

(a) Le Pere Gravier Recolet, 107. Témoin. Meſſire Berges 109. furent chargez de
cette Commiſſion.

Comparants tenus à Monſieur l'Evêque, joints à la Procedure.

(b) Iſabeau Duprat 24. Témoin. Marie Gregoire 35. Témoin. Marguerite Aynaud,
210. Témoin.

(c) Lettre du 28. Janvier 1731. jointe à la Procedure, la Sœur de Cogolin confrontée avec le Pere Cadiere, deſavoüa cette Lettre. Enſuite elle l'a reçonnüe le 11. May
1731. pardevant le Lieutenant de Toulon.

(d) Le 9. Fevrier 1731.

(e) Le 11. Mars 1731.

qu'elles prétendent avoir été dit par la Tourriere le premier du même mois de Decembre, elles ne s'en souviennent que trois mois après, & le 12 Mars, parce que la Sœur Cogolin a eû soin dans l'intervalle, de leur inspirer par sa Lettre du 18. Janvier ce qu'elles doivent dire pour détruire la déposition de la Tourriere.

Nous avons de plus observé dans les Réponses de l'Accusé, & dans sa confrontation avec les Témoins un esprit de déguisement & de mensonge ; car sur le même fait il tient different langage, il distingue parfaitement les Témoins qui ont parlé pour avoir vû, & ceux qui n'ont déposé que par oui dire, il biaise ou il avoüe avec les premiers, il nie hardiment à l'égard des autres, quoiqu'il eût déja convenu du fait.

(*) *L'Abbé Cadiere confronté avec le Pere Girard lui reproche, qu'un jour n'ayant pas trouvé la clef à la porte de la chambre de sa Sœur, il la chercha par toute la Maison* : le Pere Girard dans sa Réponse élude le fait, & parle de toute autre chose. Confronté avec le Pere Cadiere, qui lui fait le même *reproche*, il le nie. Il en use de même avec l'Abbesse d'Olioules, & la Maîtresse des Novices ; il n'ose désavoüer de leur avoir demandé si la Cadiere avoit eû *une grande perte de sang*, & dans sa confrontation avec le Pere Cadiere il nie d'avoir fait à ces Dames une pareille demande. Confronté avec Anne Bellonne, Marie Laugier, Catherine Joinville, Catherine Ferrand, qui déposent *qu'il s'enfermoit avec Marie-Anne Laugier* sa Pénitente, il répond d'une maniere équivoque ; & confronté avec le Pere Cadiere, il nie de s'être enfermé avec *aucune* de ses Pénitentes, *qu'avec sa Sœur*. (*)

On lui demande pourquoi après avoir souffert le *baiser* de la Battarel, qui étoit une preuve peu équivoque de la passion de cette fille pour lui, il n'a pas cessé néanmoins de la diriger ? il répond, (*a*) que ç'a été pour *éviter le scandale*, comme s'il n'avoit pû sans éclat lui donner son congé ; ne le devoit-il pas au moins pour l'édification des autres Pénitentes, instruites de cette liberté. (*b*)

Mais lorsque voulant faire acroire que c'est lui qui le premier a quitté la Cadiere, & que c'est de son pur mouvement qu'il a cessé de la diriger, on lui en demande la raison, il répond, (*c*) *que c'est parce qu'il s'est apperçû qu'elle le trompoit*. La crainte du scandale n'a plus été capable de le retenir. Comment concilier cette diversité d'idées & de conduite ?

C'est ainsi que par des variations grossieres & perpetuelles où l'a entraîné le seul crime qui l'aveugloit, il est tombé souvent en contradiction

(*) *Ce qui est contenû entre ces deux étoiles, est une Note marginale à l'original.*

(*a*) Dans sa Réponse à l'Interrogatoire 147. des Commissaires, il dit qu'il avoit fait *son devoir*, & dans celle pardevant la Cour, il dit, que ç'a été pour éviter le scandale.

(*b*) Sœur Boyer 97. Témoin.

(*c*) Réponse de l'Accusé au 149. Interrogatoire des Commissaires, & dans ses Réponses pardevant la Cour.

avec lui-même. A des traits de cette espece des Juges pouvoient-ils méconnoître le coupable ? & en matiere criminelle n'est-ce pas là un grand motif de détermination contre les Accusez ?

Le Pere Girard a fait encore joindre à la Procedure un certain nombre de Lettres, tant de celles qu'il avoit écrites à la Cadiere pendant son sejour dans le Monastere d'Olioules, & qu'il avoit eû tout le loisir de changer, que de celles qu'il en avoit reçûës, & dont il n'a pas craint d'effacer certains mots, de changer les dates, & d'ôter les seconds feüillets, où il pouvoit bien y avoir des apostilles. A la lecture & par les termes de ces Lettres, nous avons eû des nouvelles preuves qu'elles ont été refaites. Toutes ces Observations qui ne sçauroient trouver ici leur place, ont été faites dans nos opinions.

Mais c'est bien vainement qu'il les a produites, parce qu'il est inoüi qu'un Accusé veüille fonder la preuve de sa justification sur des pieces qui viennent de sa main, qu'il a eûës en son pouvoir avant & après l'accusation intentée, & que rien ne l'a empêché de fabriquer de nouveau. Il est de regle, que pareilles pieces sont preuve contre celui qui les produit, & non en sa faveur.

On a fait ensuite averer ces Lettres par la Cadiere, sans éxamen de sa part, (a) à la fin d'une Séance, dans le tems qu'il en auroit fallû plus de deux pour en faire la lecture, ou pour s'en rappeller fidelement le contenû ; & à plus forte raison pour reconnoître si celles du P. Girard étoient les mêmes que celles qu'elle avoit reçûës de lui. Aussi a-t-elle soutenû dans sa confrontation avec ses Freres, & dans ses réponses sur la Sellete, qu'elle n'avoit reconnû les Lettres du Pere Girard que pour être *de son caractere*, & non pour les mêmes qu'elle avoit reçûës, & qu'elle lui avoit renvoyées.

Après celà quel cas pouvions-nous faire de la variation du 27. Février, dont toutes les parties sont si mal liées ensemble, & ne montrent qu'un inutile desir conçû dès le commencement, de sauver le coupable, en dût-on couvrir l'Accusatrice d'infamie une seconde fois, & rejetter sur elle, & sur son dernier Confesseur, tout le poids (b) de son accusation. En effet dans le tems même qu'il s'agit d'éxecuter ce projet inique, nous voyons le P. Girard toûjours chargé des mêmes crimes. La Querelante soutient encore que *le Directeur avoit vû les stigmates du pied & du costé, qu'il les avoit baisez, qu'il avoit porté la main sur son sein, qu'il la faisoit deshabiller en sa presence, qu'il l'embrassoit ensuite, qu'aprés les embrassemens elle se trouvoit moüillée, & qu'il lui avoit donné un breuvage rougeâtre.*

II

(a) Quatorze Lettres & deux Minutes. Il y a une grande différence entre la maniere dont on lui represente ces quatorze Lettres & deux Minutes, & dont elle les reconnoît à l'Interrogatoire 161. & la reconnoissance de celles écrites par ses Freres, qui lui sont representées lors des Interrogatoires 87. 96. & suivants.

(b) Le Pere Nicolas, Prieur des Carmes Déchaussez de Toulon.

Il est vrai qu'on lui fait dire, (*a*) que le Pere Girard avoit baisé les stigmates *avec vénération, à genoux, & ôtant sa calotte ;* que lors de ses attouchemens *elle prenoit les précautions que la modestie exigeoit d'elle ;* qu'après l'avoir fait deshabiller, *il la faisoit rehabiller sur le champ ;* qu'il l'embrassoit *chrétiennement, saintement, & avec l'affection des Directeurs pour leurs Pénitentes ;* que la moiteur dont elle s'étoit apperçûe après ces embrassemens, *pouvoit venir d'un écoulement d'urine auquel elle etoit sujette ;* qu'elle attribuë la teinture de l'eau que le Pere Girard lui donnoit, *aux goutes de sang, qui en beuvant, tomboient du nez, dans l'écuelle.*

Ainsi sous l'apparence d'une retractation, nous retrouvons tous les mêmes faits que l'accusation renferme, quoique palliez & déguisez ; mais l'artifice est trop grossier & trop honteux ; & pour passer tout le reste, peut-on voir de sang froid appeller *Saints & Chrétiens* des embrassemens d'une jeune Pénitente, avec laquelle un Directeur s'enferme sous la clef ?

Dans les principes du Pere Girard, lorsqu'il fut confronté avec la Cadiere la premiere fois, ne devoit-il pas lui reprocher sa fourberie & & son impudence ? Cette confrontation (*b*) néanmoins n'est qu'une réconciliation des Parties, où l'on craint même de rappeller le sujet de leur division.

Mais la Cadiere revenuë de sa premiere surprise peu de jours après, rénouvelle tout ce qu'elle avoit avancé dans son exposition, (*c*) & dans ses Réponses des deux premiers jours de son Interrogatoire ; elle allegue pour excuser sa variation, des faits qu'il ne nous a pas été permis d'approfondir : Si cependant l'on vient à comparer ses Réponses du 25. & 26. Février avec celles du 27. du même mois, & si on les raproché toutes de ce qui se trouve écrit le 10 Mars suivant, de quelles pensées l'esprit n'est-il pas agité ! Quoiqu'il en soit, la plus grande grace que l'on puisse faire sur ce point à l'Accusé, est de regarder cette variation comme non avenuë.

Mais quand la Cadiere a été de nouveau confrontée avec le P. Girard,

(*a*) Réponse de la Cadiere lors de sa variation aux Interrogatoires 116. 117. 119. 120. des Commissaires.

(*b*) Confrontation du 6. Mars pardevant les Commissaires.

(*c*) Declaration de la Cadiere du 10. Mars, où elle revoque devant Messieurs les Commissaires tout ce qu'on lui avoit fait dire de contraire à son exposition & à ses réponses des deux premiers jours.

Ses actes protestatifs du 15. & 16. Mars 1731. joints à la Procedure. Sa confrontation du 18. Avril avec le Prieur des Carmes, où elle declare veritable tout ce qui a été dit par lui, & désavoüe tout ce qu'on lui a fait dire contre lui dans sa variation, comme étant l'effet des menaces & des violences qui lui furent faites, tant par la Superieure des Ursulines, Pénitente du P. Girard, que par d'autres personnes de consideration, *qu'elle a ensuite nommées à la Cour.*

Sa confrontation avec son Frere l'Ecclesiastique, où elle convient d'avoir dit à une de ces personnes de consideration, qu'elle avoit trahi la verité par sa variation, à quoi cette personne répondit : *il n'est plus tems.*

G.

lors du Jugement définitif, les chofes fe font bien paffées differemment;
Nous devons le dire, elle a parû avec tous les avantages de l'innocence,
fçachant allier une grande modeftie avec une force & une fermeté que
rien n'a été capable d'ébranler. La verité fembloit s'expliquer par fa
bouche, avec cette candeur & cette ingenuité qui lui eft propre. Le
P. Girard au contraire, & lorfqu'il fut ouï par atténuation, & quand
il fut confronté dans la Grand Chambre, n'avoit rien de cette tranquillité
qu'il devoit avoir, fi fa confcience ne lui eût rien reproché. Nous l'avons
vû agité de divers mouvemens, tantôt confterné jufqu'a verfer des lar-
mes, lorfque les réponfes lui manquoient ; tantôt affectant une fecurité
peu convenable à fa fituation. Dans quelles contradictions n'eft-il pas
tombé ? Nous avons remarqué qu'il s'eft coupé jufqu'à cinq fois fur le
même fait. (*a*)

Nous ne rapporterons qu'un trait de la derniere confrontation. (*b*)
La Cadiere l'interpella de reprefenter à la Cour une des Lettres qu'elle
lui avoit écrites, mais qu'il n'avoit pas produite avec les autres, & qui
feule fuffiroit pour le convaincre de tous les crimes dont il étoit accufé.
La Querelante lui rappella que cette Lettre étoit la réponfe à une des
fiennes, où il la menaçoit de lui donner *le foüet*, (*c*) ce qu'elle défignoit
dans fa Réponfe par la lettre F. afin que fes Freres, qui écrivoient fous
elle, n'euffent aucune connoiffance de ce qui fe paffoit entre le Directeur
& la Pénitente, ainfi que ces derniers en étoient convenus. (*d*)

Le P. Girard s'excufa de reprefenter cette Lettre, fous pretexte qu'elle
rouloit fur des fecrets de confcience. Elle lui permet de reveler ces prétendus mifteres qui la regardoient uniquement ; il s'en excufe de nouveau.
Elle infifte, & fupplie la Cour de le lui ordonner, fans quoi les faits par
elle avancés feront tenus pour averés. Le Jefuite déconcerté, répond,
qu'il n'a pas cette Lettre fous fa main. Elle l'interpelle de l'envoyer prendre. Alors fe voyant pouffé à bout, il dit, *qu'il l'avoit brûlée* ; & dans fes
défenfes, (*e*) il avoit dit qu'il *l'avoit* en fon pouvoir. Ce fait qui s'eft
paffé, comme tant d'autres, en prefence de toute la Chambre, fuffira

(*a*) Au fujet de fon enfermement avec la Cadiere dans une chambre du Monaftere.
Primo. Confronté avec Marion Hermite, *il le nie*. *Secundo*. Confronté avec l'Abbeffe,
il dit avoir quelqu'idée que la maîtreffe des Novices *ferma* la porte. *Tertio*. Confronté
avec la maîtreffe des Novices, il nie d'avoir *fermé* la porte. *Quarto*. Dans fa réponfe
devant la Cour, il dit qu'ayant le dos tourné devant la porte, *il ne vit pas qui la ferma*.
Quinto. Lui ayant été oppofé que cela ne s'accordoit pas avec ce qu'il avoit déja dit à
l'Abbeffe ; il répond, que la Cadiere avoit le vifage tourné vers la porte, *& qu'elle le lui
avoit dit ainfi*.

(*b*) Confrontation devant la Cour.

(*c*) La Sœur de l'Efcot, maîtreffe des Novices 20. Témoin, dit avoir lû cette
Lettre, où il lui recommandoit d'être fage, qu'autrement elle auroit le foüet.

(*d*) Lettre de la Cadiere du 11. Juin 1730.
Je me referve de vous developper des petits fecrets que je n'ofe vous expofer par écrit.
Elle y parle encore en chifre, & par des fimples lettres, D. G. T.

(*e*) La Note mife à la tête de la Lettre du Pere Girard, du 11. Juillet, & ce qu'il dit
en la page 6. du préliminaire des Lettres, dans fon premier Factum.

(27)

pour démontrer, & le caractere du Jesuite, & l'esprit qui l'a conduit
dans toute cette Procedure, Pouvoit-on enfin compter sur les défenses d'un
homme qui a osé dire dans ses Mémoires imprimés, *que sa conscience lui
laissoit la liberté d'avoüer, ou de nier.* (a)

Quoique nous n'ayons pas jugé ce Procès sur les Mémoires des Parties, il nous a pourtant parû que ceux de l'Accusatrice étoient confor-
mes à la Procedure, en les y comparant sur le Bureau ; & si l'Arrêt
en a supprimé quelques endroits, ce n'a été que par rapport à la Magistrature, (b) qui s'y trouvoit offensée.

Nous devons encore observer, qu'ayant éxaminé les dernieres Réponses des Délits qui ont été remises depuis peu au Greffe, & plus de deux
mois après le Jugement, nous avons réconnû qu'elles avoient été
couchées avec peu d'exactitude, & qu'il y avoit des omissions essentielles.

Quand après l'éxacte discussion, & le long éxamen de tant de charges
accumulées sur le Pere Girard, nous l'avons vû faire servir à séduire & à
corrompre des ames simples, toute l'authorité & la sainteté de son ministere ; Pouvions-nous nous réfuser à une évidence de preuves plus fortes
que dans aucune autre Procedure qui ait jamais passé sous les yeux de
la Justice ? Pouvoient-elles être balancées par les égards & les préven-
tions ? Ainsi pénétrés de l'impression qui résultoit de tout ce corps de
délit, Nous avons crû que LA MORT seule pouvoit expier tant de
crimes, & LE FEU purifier tant d'horreur, & que nous étions rede-
vables d'un exemple éclatant, & à la Religion, & à la sûreté des Fa-
milles.

JUGEMENT DE LA CADIERE.

Les mêmes principes qui nous avoient fait condamner le Pere Girard
nous ont servi de regle dans le Jugement de la Cadiere Plus nous avons
trouvé de caractéres de séduction dans le Confesseur, plus la Pénitente
nous a parû digne d'absolution. Tout ce qu'on lui reproche se réduit à
dire, ou qu'elle a trompé le Pere Girard, ou qu'elle s'est aidée à tromper
avec lui le Public.

La premiere idée ne peut pas se soûtenir, si l'on considere la difficulté
qu'une jeune fille devoit avoir d'en imposer à un pareil Directeur, la
maniere dont elle avoit vecû sous des Confesseurs moins habiles ; le tems
qu'elle a demeuré sous le Pere Girard, sans se démentir de sa premiere
(c) vertu ; l'experience qu'il avoit fait de son caractere pendant deux

(a) A la page 6. de son Mémoire, intitulé *Briéves Réponses.*
(b) Dans le prononcé de l'Arrêt il ne s'est agit que de quelques endroits offensans
pour la Magistrature ; & quand on a dressé l'Arrêt on a englobé plusieurs Mémoires
entiers de la Cadiere, & l'on a obmis que ce fut par rapport à la Magistrature.
(c) Réponse de l'Accusé au 9. & 23. Interrogatoires des Commissaires.

ans & demi de Direction ; les éloges perpetuels qu'il donnoit (*a*) à la Cadiere , la docilité & la dépendance extréme où il l'avoit élevée , tout prouve la bonne foi de cette fille à l'égard de son Directeur , dont les excuses ne sont qu'une odieuse récrimination ; outre qu'il ne pouvoit accuser la Cadiere sans envelopper dans les mêmes reproches beaucoup d'autres Pénitentes qui auroient été de concert avec elle , & dont il s'est pourtant bien gardé de se plaindre.

Que la Cadiere d'accord avec le Pere Girard ait trompé sciemment le Public , c'est encore un fait démenti par la Procedure. On pourroit plûtôt dire que la réputation qu'il lui avoit acquise dans le Public l'avoit miserablement seduite , & l'affermissoit dans les erreurs que le Pere Girard lui avoit inspirées ; erreurs d'autant plus pernicieuses qu'à la faveur du Quietisme , *b*) elles la laissoient croupir dans le crime par principe de Religion.

Sa bonne foi n'a-t-elle pas encore parû dans les confidences qu'elle faisoit à ses amies des libertez (*c*) du Pere Girard , dans les peines & les remords de sa conscience , aussi-tôt que le Prieur des Carmes lui annonce qu'elle est dans l'erreur , & dans sa docilité à reprendre les voyes de la veritable pieté à mesure que ce dernier Confesseur s'appliquoit à la détromper ? (*d*)

A l'égard des prodiges qu'on dit être de son invention , que l'on consulte les dépositions des (*e*) Témoins ; car nous ne pouvions pas prendre d'autres regles , & l'on trouvera que le merveilleux n'a pas dépendu d'elle , & qu'il étoit au-dessus de ses forces & de son genie.

Il en a été de même des difficultez qu'on se faisoit au sujet des Lettres de cette fille , dont les minutes & les copies sont de la main de ses Freres , sur tout de celle qui fut écrite d'avance à Toulon , & envoyée d'Aix au Pere Girard. Ces difficultés se sont résoluës d'elles-mêmes en jugeant le Procès.

Nous avons été convaincus que le Pere Girard dirigeoit toutes les démarches de sa Pénitente , & qu'en l'obligeant de lui écrire , il n'avoit d'autre objet que de se procurer des monumens propres à lui établir

après

(*a*) Lettres du Pere Girard du 22. May & 5. Juin 1730. à l'Abbesse d'Olioules.

Dépositions des Témoins 3. 11. 19. 20. 23. 54. 96. 97. & autres. Et la confrontation de la Guiol avec le Pere Cadiere.

(*b*) Lettre du Pere Girard du 29. Juin 1730.

Laissez agir Dieu , & tenez-vous seulement bien soûmise & bien docile à toutes ses impressions. Toute votre attention doit se borner là. Ne pensés au reste à ce qui se passe en vous , soit par rapport aux maux , soit par rapport aux biens , qu'autant qu'il en est besoin pour m'en rendre compte.

(*c*) Les Témoins 2. 22. 38. 39. 92. 97.

(*d*) Le Pere Nicolas , Prieur des Carmes Témoin 40.

(*e*) Témoins 1. 2. 5. 11. 14. 18. 19. 20. 22. 27. 28. 29. 30. 36. 47. 55. 76. 94. 95. 97. 98. 104.

après la mort une reputation de fainteté, dont la gloire devoit refléchir fur le Directeur, ce qui fe trouve juftifié par la Lettre qu'il lui écrivit le 7. Juin, le lendemain de fon entrée au Monaftere: *Ecrivez-moi inceffamment ce que vous avez obmis de me dire, comme je vous l'avois ordonné, & pourfuivez briévement à marquer tout ce qui s'eft paffé en vous, reprenant depuis le commencement de votre état de peine jufqu'à l'entrée du Carême.*

Il avoit également recommandé, & dans la même vûë, à la Sœur de l'Efcot Maîtreffe des Novices, de recueillir avec foin tous les prodiges qui s'operoient en la perfonne de la nouvelle fainte, afin d'avoir de toute part les actes qui devoient, felon lui, *fervir un jour à l'édification du Public.* (a)

Nous avons été entierement perfuadez que les Freres, gens fort fimples, & dans une prévention aveugle pour leur Sœur, fe prêtoient fans refiftance à tout ce qu'elle éxigeoit d'eux, & ne penetroient pas au-delà de ce qu'elle vouloit bien leur communiquer. Ils ne croyoient pas qu'il leur fût permis de penfer autrement que le Public & leur Evêque, fur le chapitre du Confeffeur & de la Pénitente ; flatez d'ailleurs par le relief que donnoit déja à la famille l'honneur d'avoir une fainte expofée dès ce bas monde au culte & à la vénération des Fideles.

Mais s'il eût refté quelques doutes jufqu'alors au fujet du veritable Auteur des Lettres de la Cadiere, & du Mémoire du Carême, ces doutes fe font diffipez après l'audition & la derniere confrontation de cette fille, tant elle a montré de genie, & a parû inftruite des maximes dont ce Directeur avoit pris foin de la nourrir, avec quelques autres de fes Pénitentes cheries, telles que la Battarel, dont la dépofition eft étonnante par fon étenduë & par fa profondeur, bien au-deffus des connoiffances ordinaires d'une fille illiterée.

Voici deux principales maximes que le Pere Girard leur enfeignoit, & que la Cadiere nous a débitées fur la fellete. *Ma chere enfant,* lui difoit-il, (b) *il en eft d'une ame que Dieu a unie à lui, comme d'une toile qu'un Peintre habile a preparée pour y peindre un Tableau. Si après qu'il l'a tenduë fur fon attelier cette toile faifoit des élans vers le Peintre à chaque coup de pinceau qu'il veut donner, elle troubleroit fon ouvrage. Il en eft de même de cette ame unie à Dieu, toutes fes prieres & fes élevations de cœur vers lui ne fervent qu'à arrêter l'action de Dieu ; ainfi elle doit demeurer dans l'inaction, & tendre à l'execution des deffeins de Dieu fans y rien mêler de fa part.* Elle ajoûta, que le Pere Girard lui faifoit encore cette comparaifon ; *Tous les nuages qui couvrent le foleil ne terniffent point fa lumiere, mais la cachent feulement à nos yeux ; de même les penfées impures ne fouillent point la pureté de l'ame, étant élevée au-deffus des chofes ter-*

(a) Recollement de la Sœur l'Efcot 20. Témoin, & les trois mémoires des faits qu'elle avoit recueillis de l'ordre du Pere Girard, joints à la Procedure.

(b) Ce qui eft ici en caractere italique, eft en marge à l'original de cette Piece. Réponfe de la Cadiere pardevant la Cour.

H

reſtres autant que le ſoleil l'eſt au-deſſus des nuages.

La Querelante s'eſt encore fort bien deïenduë contre toutes les équi-voques qu'on lui avoit faites ſur ſes Lettres, pour la convaincre de four-berie, & elle a parfaitement concilié toutes les prétenduës contradictions qu'on lui oppoſoit à cet égard. (*a*)

On ne ſçaüroit enfin faire un crime à la Cadiere du malheur de ſa ſé-duction. Les Loix ſi ſeveres contre les Raviſſeurs, n'impoſent d'autres peines aux victimes de leur paſſion que la honte dont elles demeurent chargées. C'eſt ainſi que notre Parlement l'a toûjours obſervé dans les accuſations en rapt, & même dans le cas d'un inceſte ſpirituel ; Nous en avons un célébre préjugé dans nos Regiſtres, en la Cauſe de Loüis Gaufredi, Curé de la Paroiſſe des Acoules, à la Ville de Marſeille. L'il-luſtre Monſieur de Vair, qui ne croyoit pas aux Sorciers, préſida à ce Jugement, & Monſieur le Conſeiller de Thouron, dont les lumieres ſont encore en honneur dans ce Parlement, fit l'inſtruction du Procès.

Comme ici il y avoit du ſortilege imputé à l'Accuſé ; mais ayant été attteint & convaincu d'inceſte ſpirituel, il fut condamné à être brûlé tout vif, & Madelaine de la Palud Pénitente de ce Curé, & par lui ſéduite & abuſée, ne fut pas même *decretée.*

Le crime de deux dont parlent les Criminaliſtes, ne ſe rencontre pas en cette Cauſe, parce que le crime de la Cadiere étant le pur effet de la plus forte ſéduction, on ne peut la regarder comme complice. D'ailleurs nous ne pouvions rien ſtatuer contre l'Accuſatrice, qui étoit Partie dans le Procès, n'y ayant contre elle aucune plainte juridique, & le Pere Girard étant le ſeul Querelé.

Jugement du Pere Cadiere, & de l'Abbé Cadiere.

On conçoît bien que le ſort des deux principales Parties a decidé des autres, à l'égard deſquels on s'eſt aſſez réuni. Le Prieur des Carmes & les deux Freres de la Cadiere avoient été amenez dans la Cauſe pour détruire l'accuſation formée contre le Pere Girard, par l'imputation d'un odieux complot, dont les Auteurs prétendus ſont mis néanmoins hors de Cour & de Procès. Car enfin tout le crime de ces deux Freres eſt d'avoir crû peut-être trop legerement leur Sœur d'abord comblée des faveurs du Ciel, & livrée enſuite aux puiſſances de l'Enfer, & d'avoir appliqué

(*a*) Le Pere Girard confronté avec le Pere Cadiere, a convenu que la Pénitente avant ſon départ pour Olioules, lui remit les neuf premiers jours du Journal du Carême, écrits de la main de ce dernier, & il ignoroit ſi peu d'avoir le commencement de ce Journal, que par ſa Lettre du 4. Août il ſe plaint de la difficulté qu'elle peut avoir à le ſuir. Cette fille le trompoit ſi peu, & il ſçavoit ſi bien qu'elle ſe ſervoit de la main de ſes Freres pour écrire, que le Journal du Carême qu'elle lui remit le 21. Août, écrit de la main de ſon Frere l'Abbé, ne commence que le dixiéme jour, là où finiſſoit celui qui étoit de la main du Jacobin , & que le Pere Girard avoit déja, lui ayant été remis par cette fille avant ſon départ pour Olioules, Ainſi il avoit entre les mains les deux caracteres.

des exorcifmes avec la même bonne foi qu'ils avoient publié les miracles.

Jugement du Pere Nicolas, Prieur des Carmes.

Pour ce qui regarde le Pere Nicolas en particulier, il a fuccedé au
Pere Girard dans la direction de la Cadiere, par ordre de M. l'Evêque.
S'il n'a pas entretenû cette nouvelle Pénitente dans fes erreurs, pouvoit-
on lui en faire un crime ?

Il n'a fait dans fa direction, & en dépofant dans cette Caufe, que ce
que fit en 1611. le Pere Michaëlis, Prieur des Jacobins, Inquifiteur
d'Avignon, à l'égard de Madelaine de la Palud, dont il étoit Confeffeur,
en qui cependant on ne trouva rien de reprehenfible. Ainfi aux crimes
du Pere Girard on peut ajoûter la calomnie & l'oppreffion.

Signez, MALIVERNY, Préfident ; DE PEIROLES, DE MONT-
VERT, DE RICARD, DE SAINT-JEAN, DE NIBLES, DE
GALICE, DE BLANC, DE MOISSAC, LA BOULIE, Confeillers.
MALIVERNY pour Meffieurs DE REGUSSE Préfident, & DE
TRIMOND, Confeiller, abfens.

ERRATA.

PAGE 3. des Lettres, ligne 31. cet avant-dire neceſſaire, *liſés* cet avant-dire droit neceſſaire.

pag 4. aux ſignatures, NIBLET, *liſés* NIBLES.

pag. 1. des Motifs lig. 2. *après* eſt un ſacrilege, ôtés la virgule.

pag. 1. lig. 21. dont les ſoins reſpectent le témoignage, *liſés* dont les Loix reſpectent le témoignage.

pag. 2. lig. 1. doivent être, *liſés* devoient être.

pag. 2. lig 22. ſi neceſſaire, *liſés* ſi neceſſaires.

pag. 2. lig. 37. les aveus des débats, *liſés* les aveus des délats.

pag. 2. lig. 44. & 45. aux Notes l'Allemanda, *liſés* l'Allemande. la Battavé, *liſés* la Battarel.

pag. 3. lig. 34. Camerlet, *liſés* Camerles.

pag. 4. lig. 7. les avoir dreſſés, *liſés* les avoir dreſſées.

pag. 4. lig. 11. le point du Procès, *liſés* ce point du Procès.

pag. 4. lig. 28. 31. 36. 38. & 40. la Langier, *liſés* la Laugier. Candeiron, *liſés* Caudeiron. Marie Langier, *liſés* Marie Laugier. Guvite, *liſés* Gueite. Marie-Anne Langier, *liſés* Marie-Anne Laugier.

pag. 7. lig. 30. pendant le Procès, *liſés* pendant Procès.

pag. 9. lig. 12. l'avoient vû, *liſés* l'avoient vuë.

pag 10. lig. 1. *après* que jamais. ôtés le point.

pag. 10. lig. 30. c'eſt donc dans ce dernier, ôtés donc, & *liſés* c'eſt dans ce dernier.

pag. 11. lig. 10. ce nouveau Directeur, *liſés* ce nouveau Docteur.

pag. 12. lig. 22. n'a jamais fait, *liſés* a-jamais fait.

pag. 14. lig. 6. inſeſtueux, *liſés* inceſtueux.

pag. 15. lig. 6. fermée à clef, *liſés* fermé à clef.

pag. 15. lig. 29. les occaſions, *liſés* ces occaſions.

pag. 21. lig. 8. s'il l'a fait ſortir, *liſés* s'il l'a faite ſortir.

pag. 22. lig. 16. très-leger, *liſés* trop leger.

1

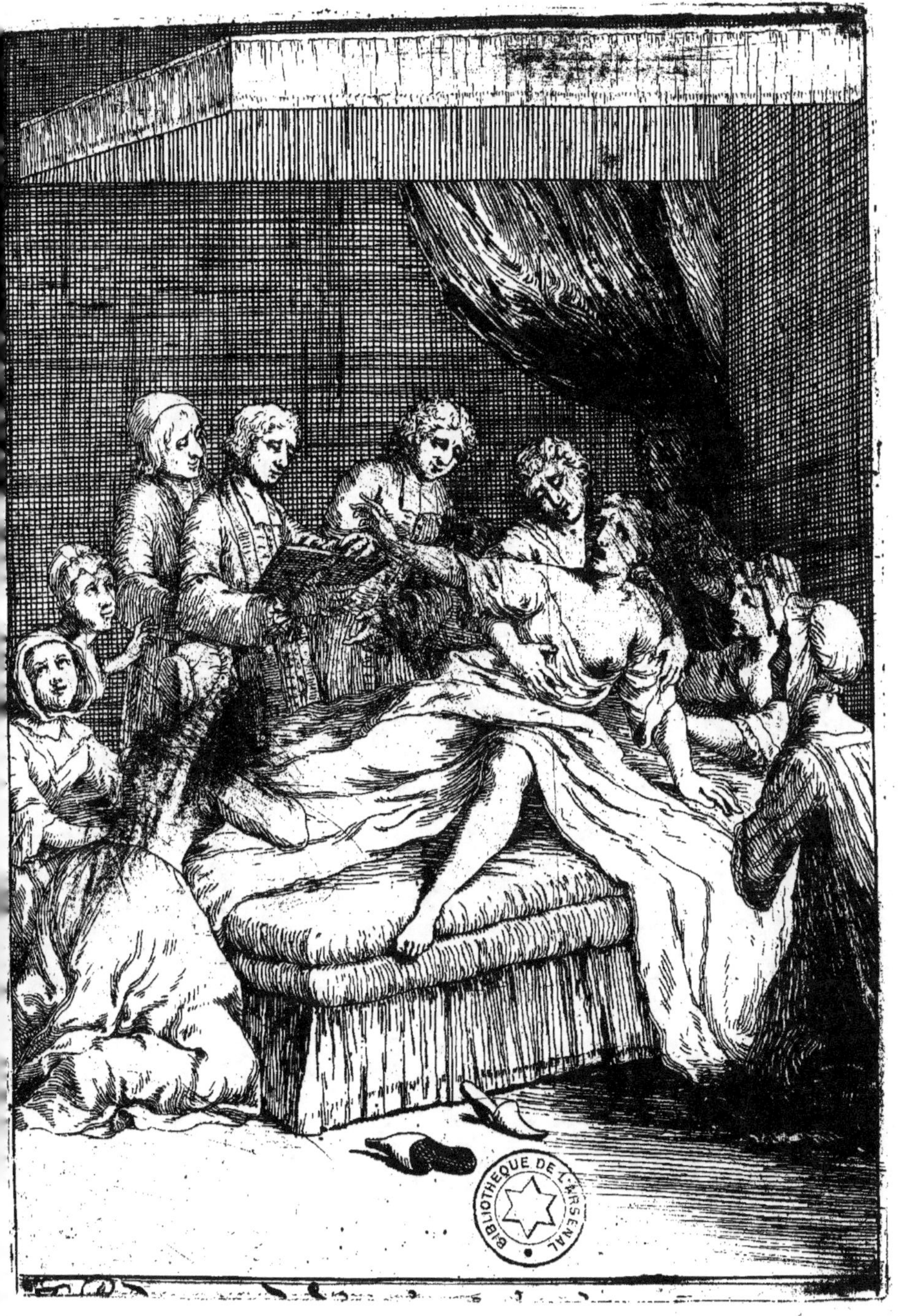

2

4

7

8

59

12

13

16

18

23

24

26

29

M
Cadiere
P.L.B
Girard